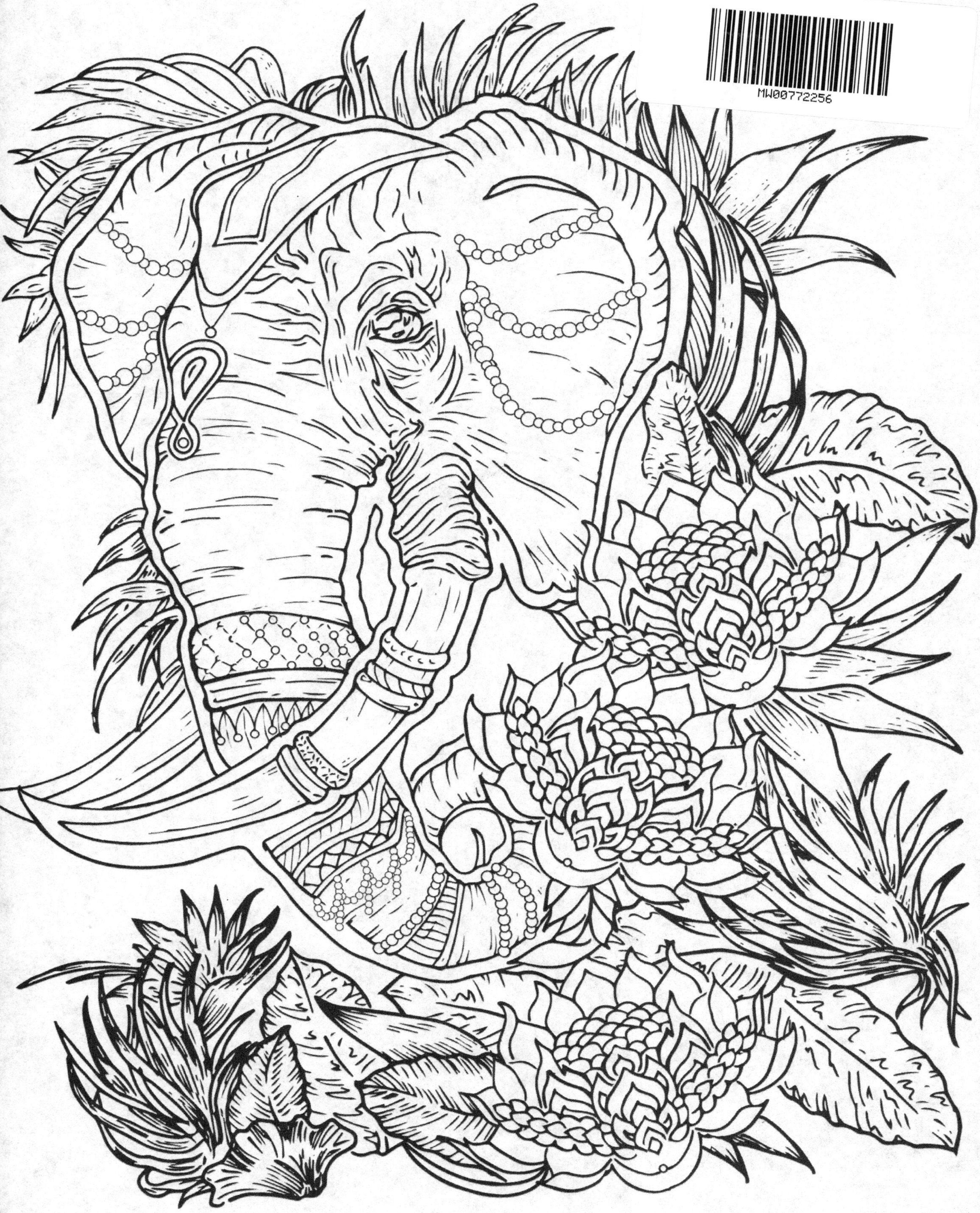

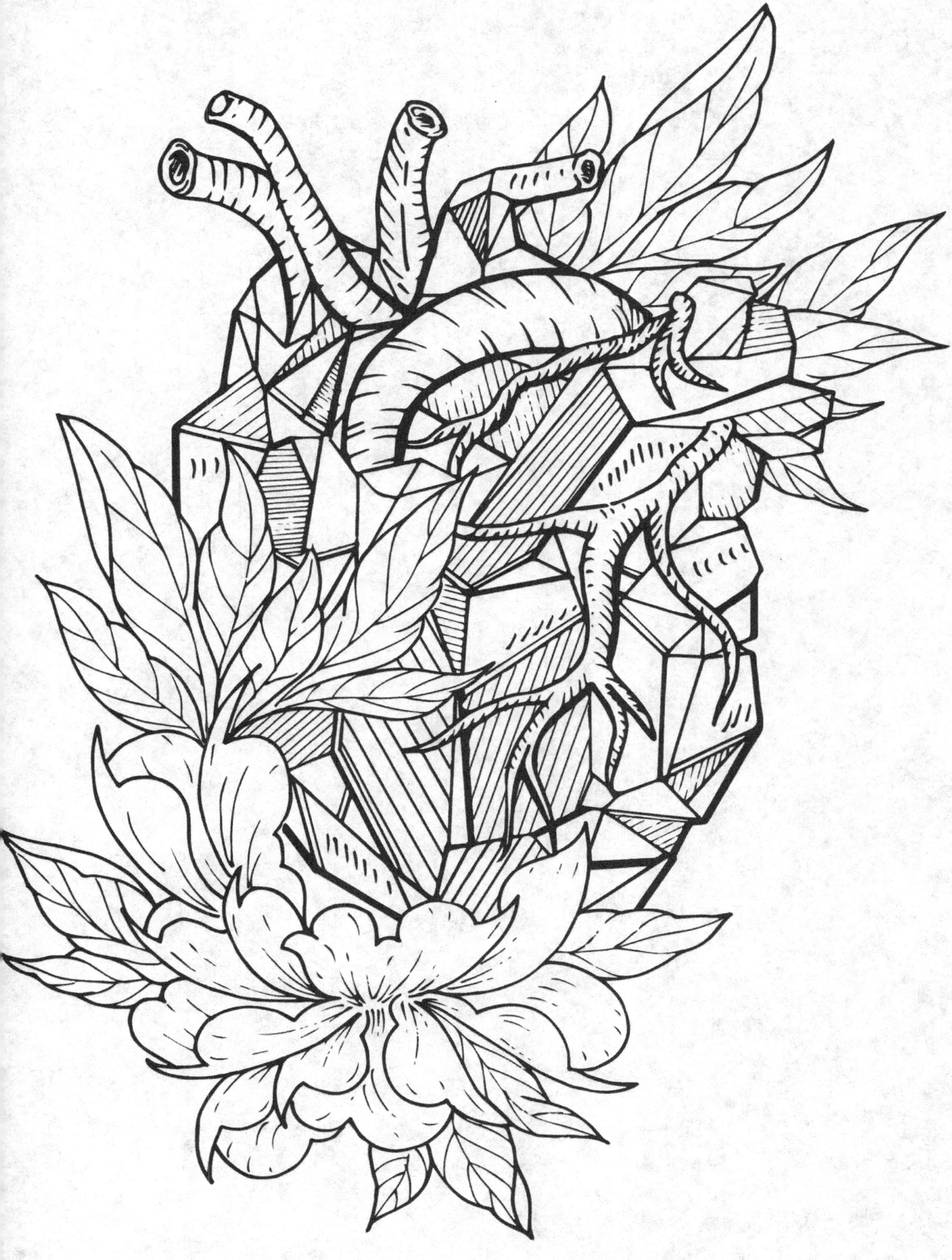

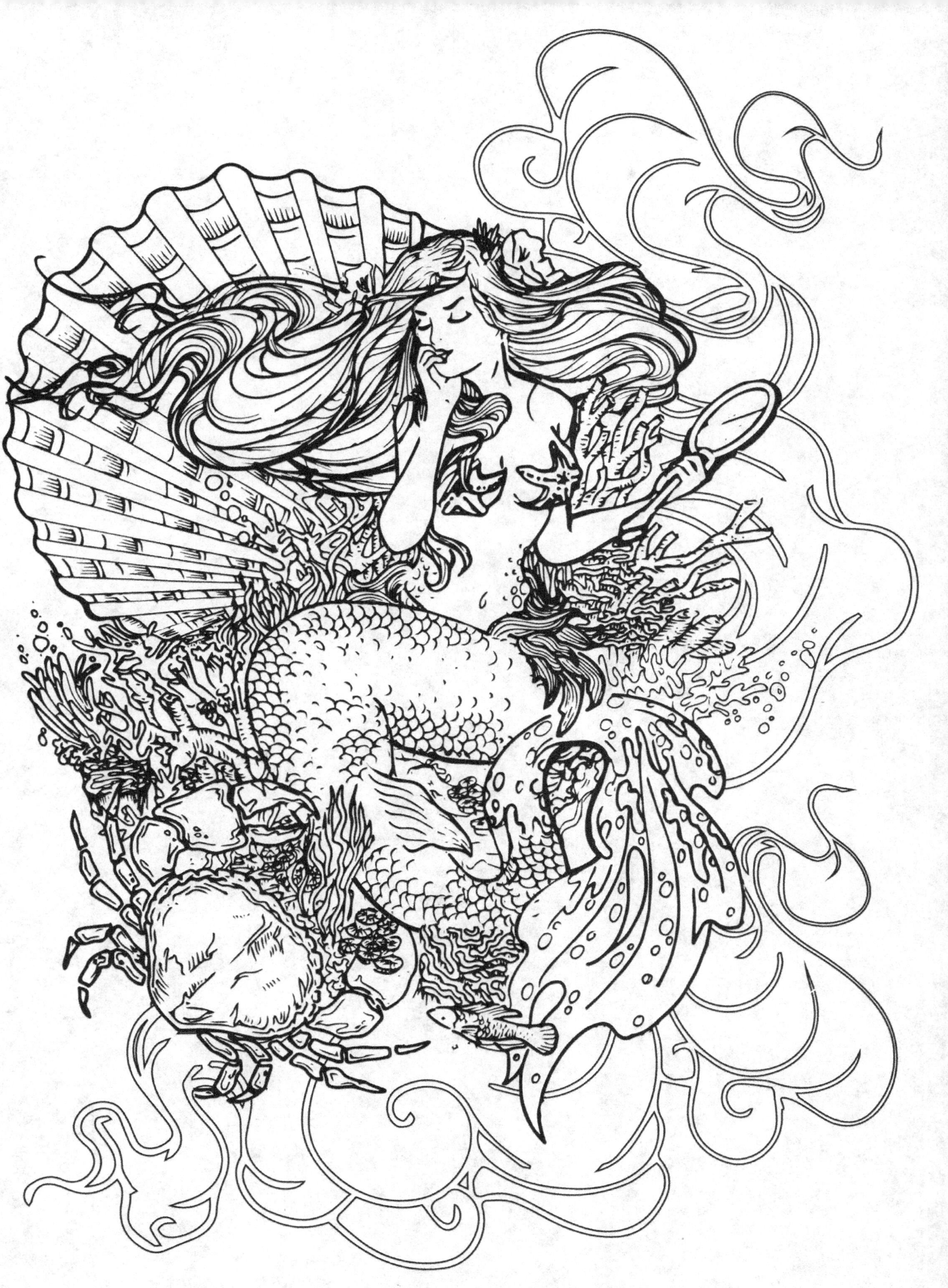

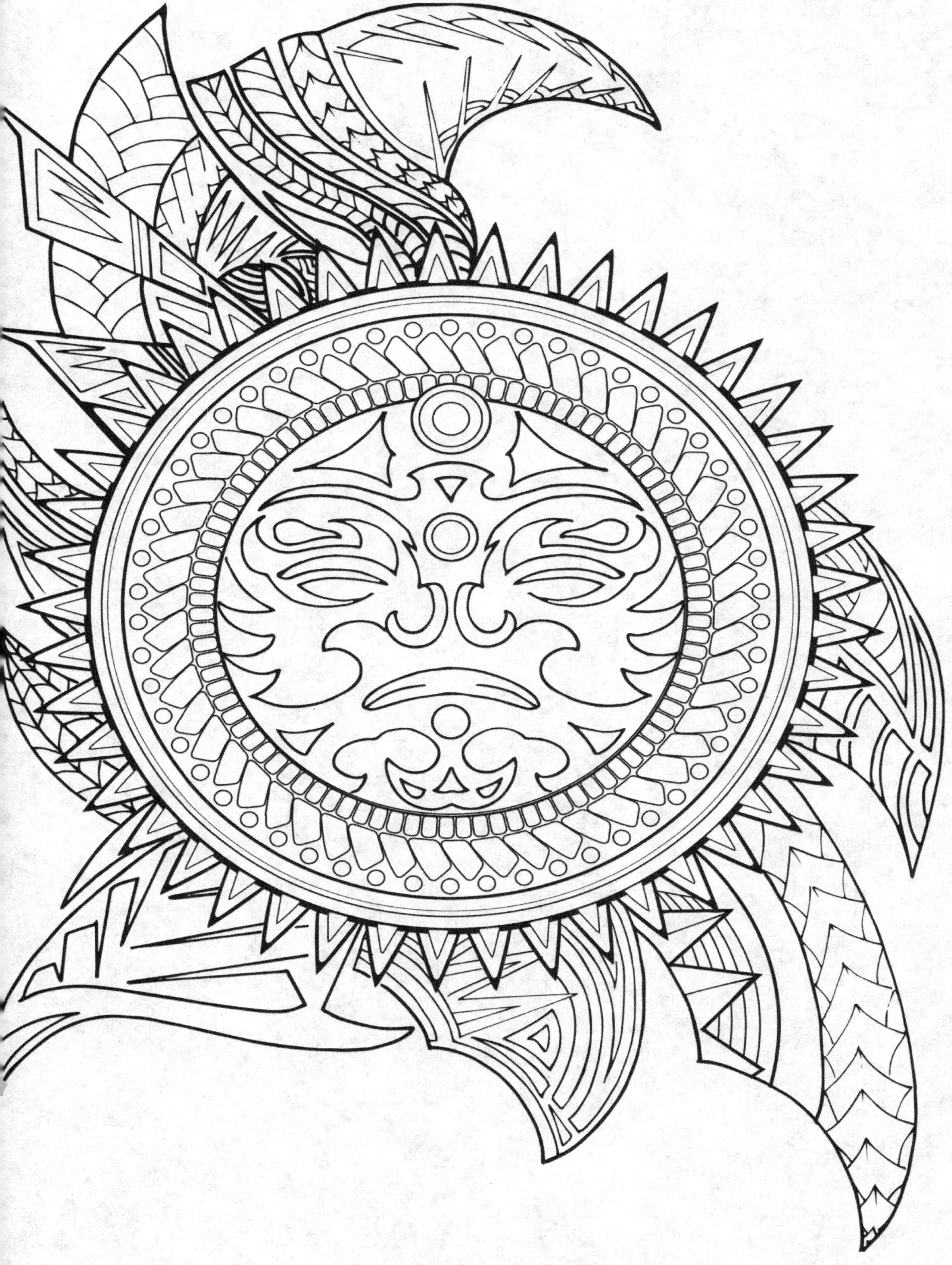

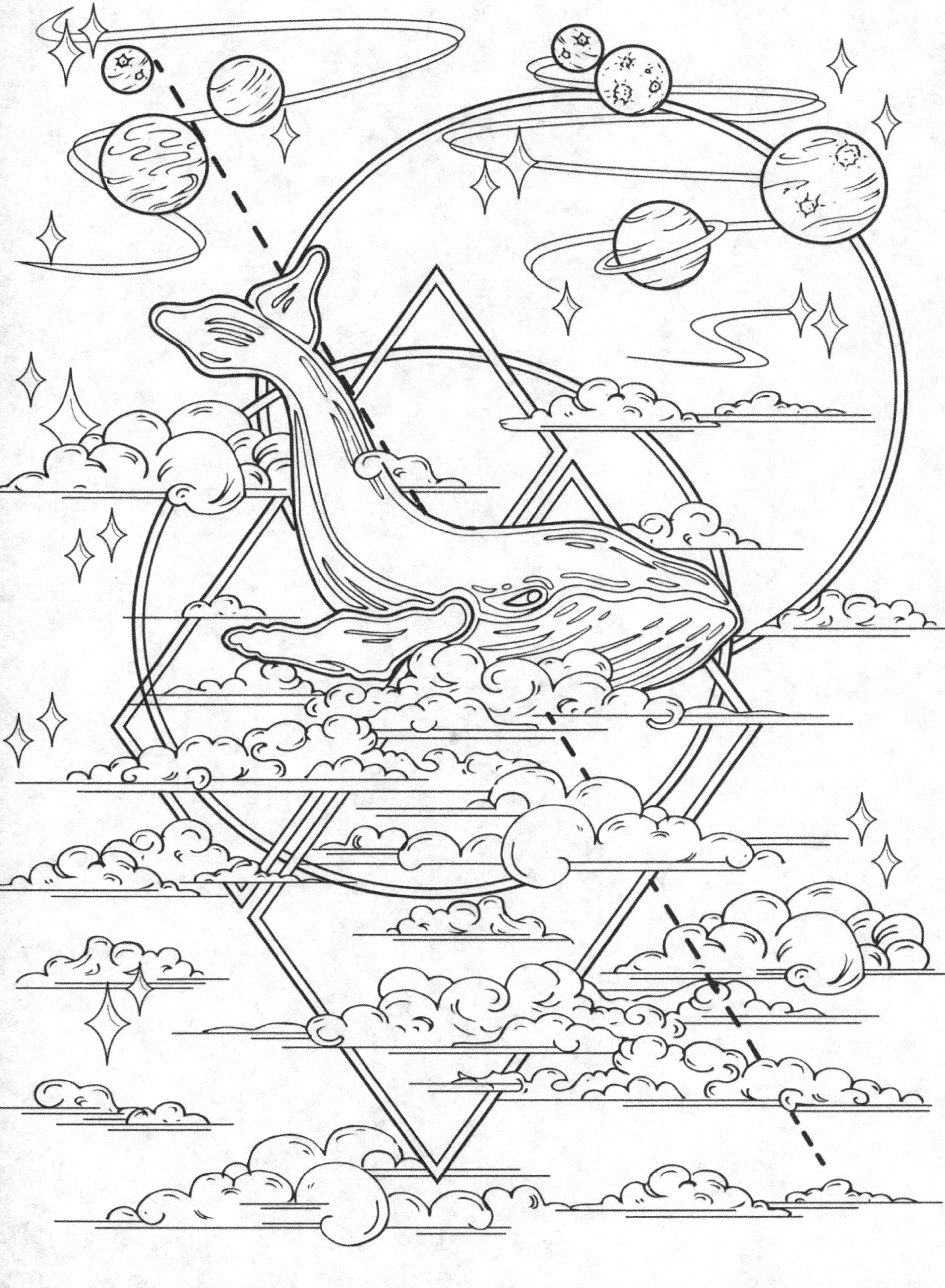

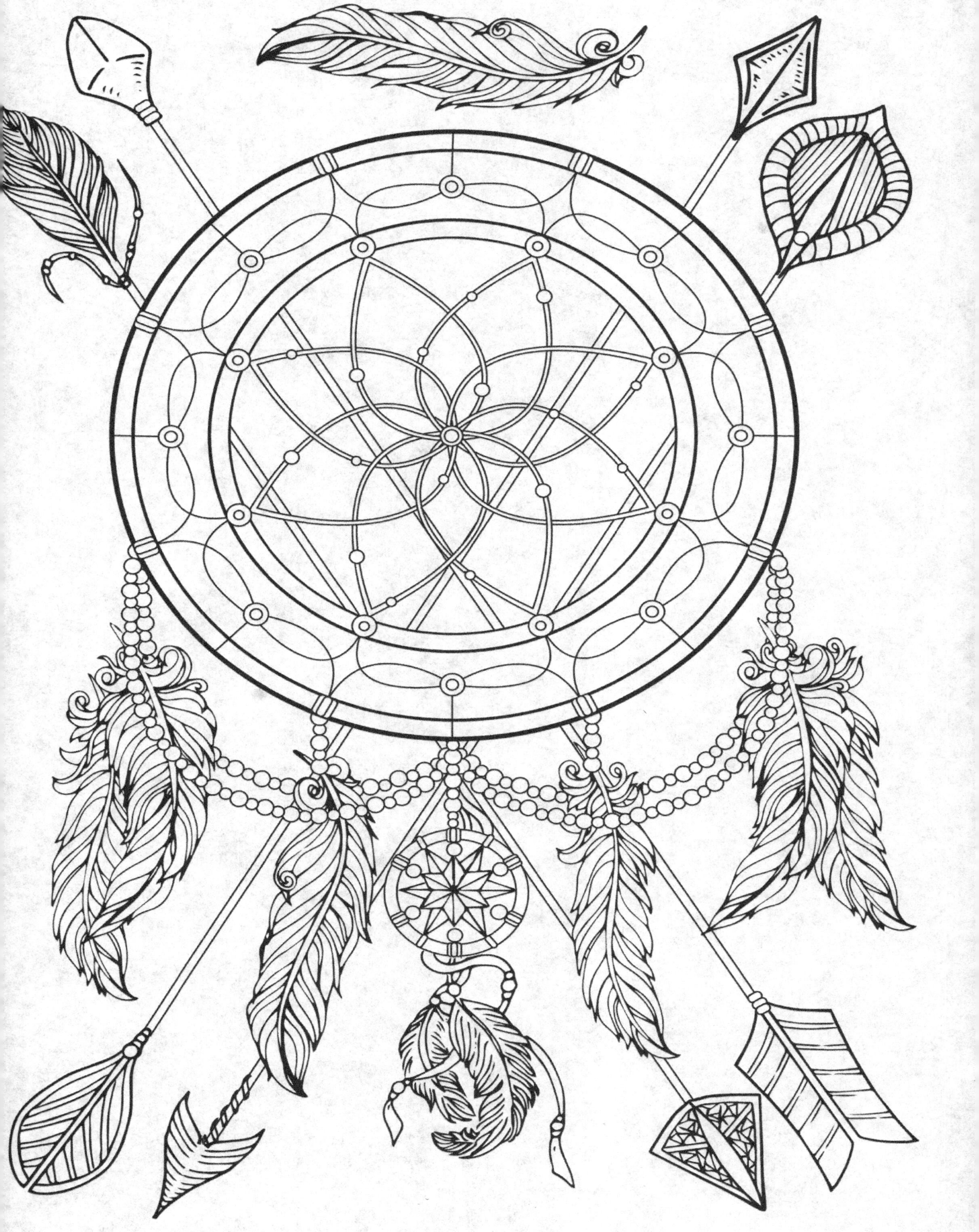

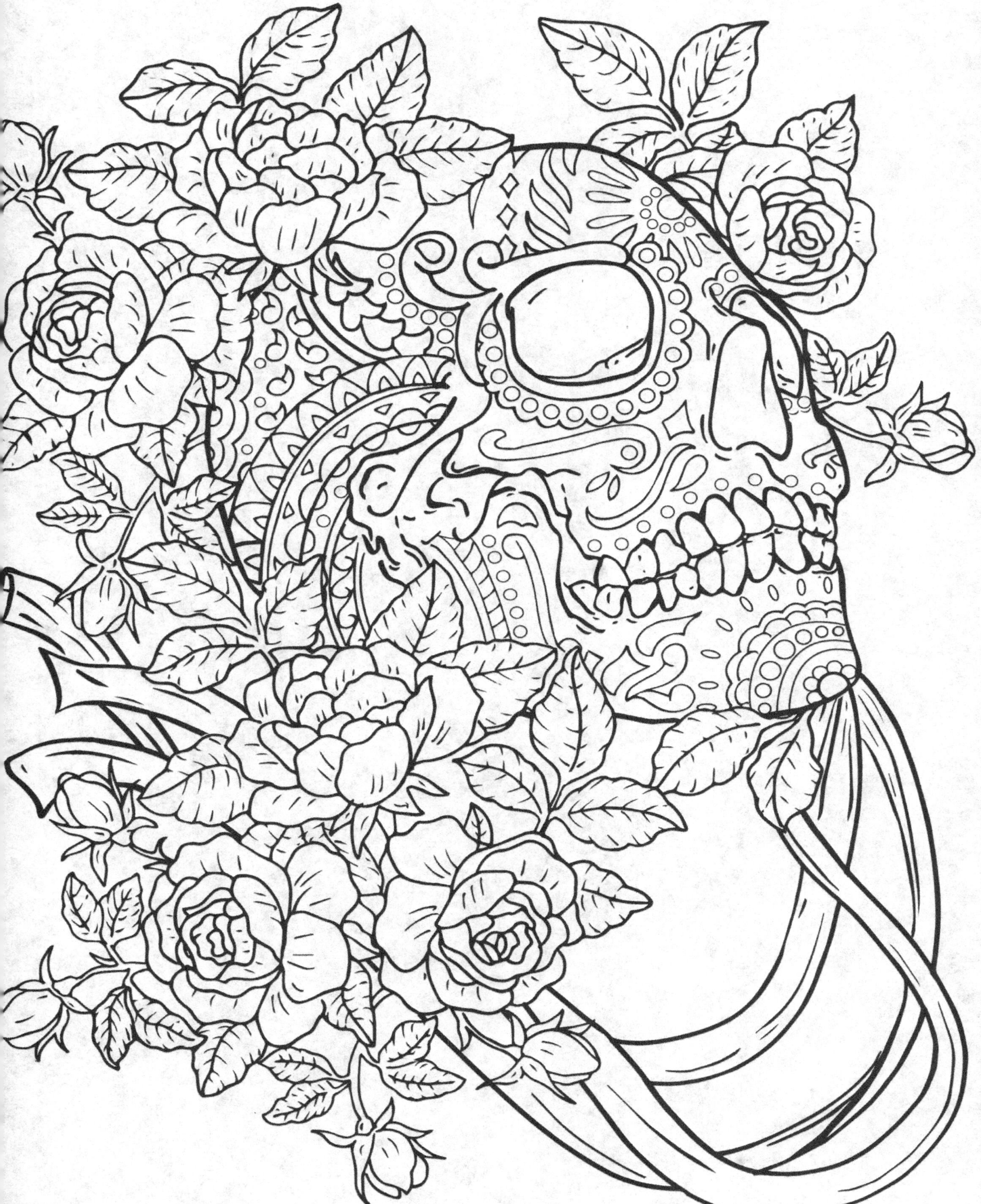

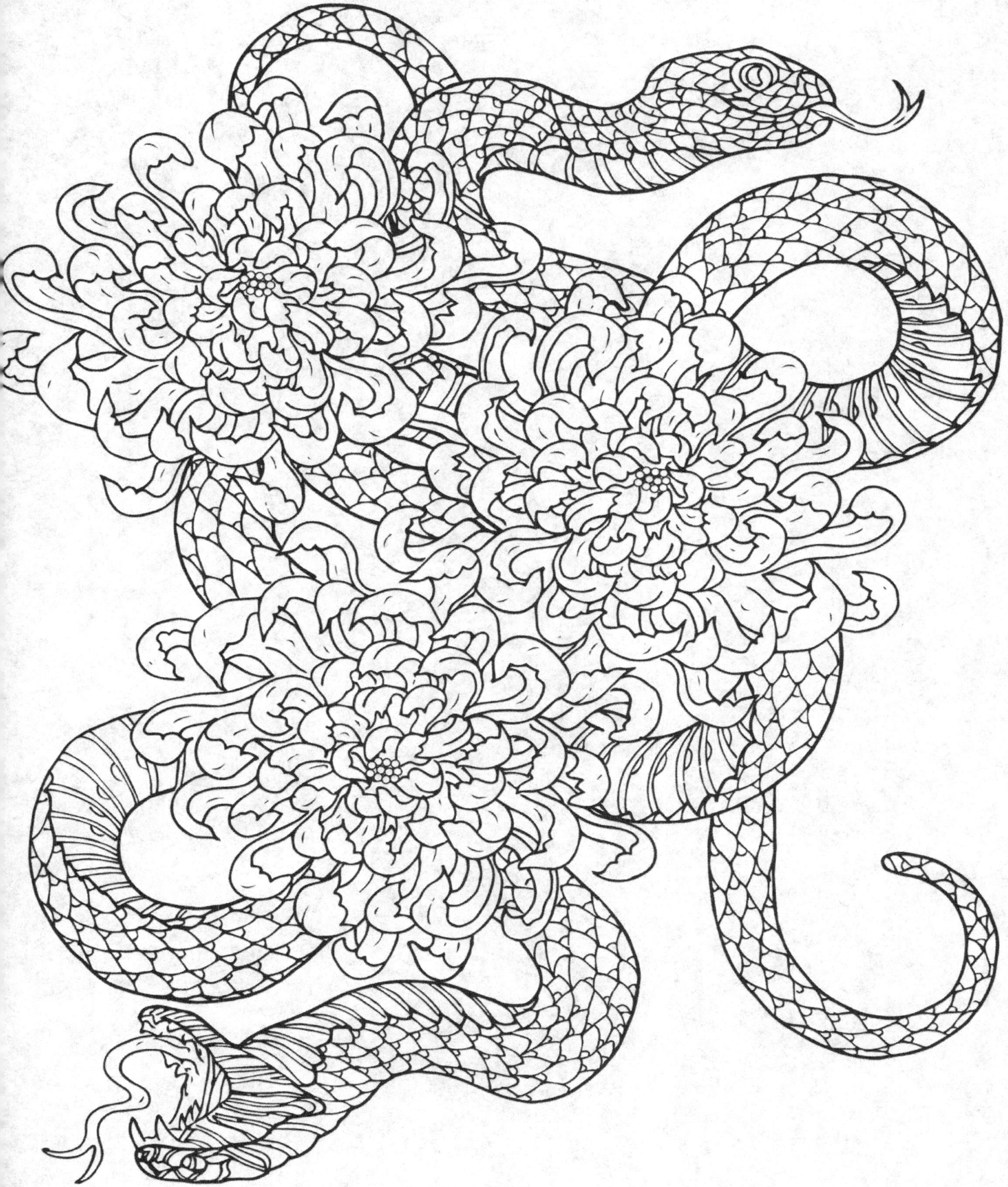

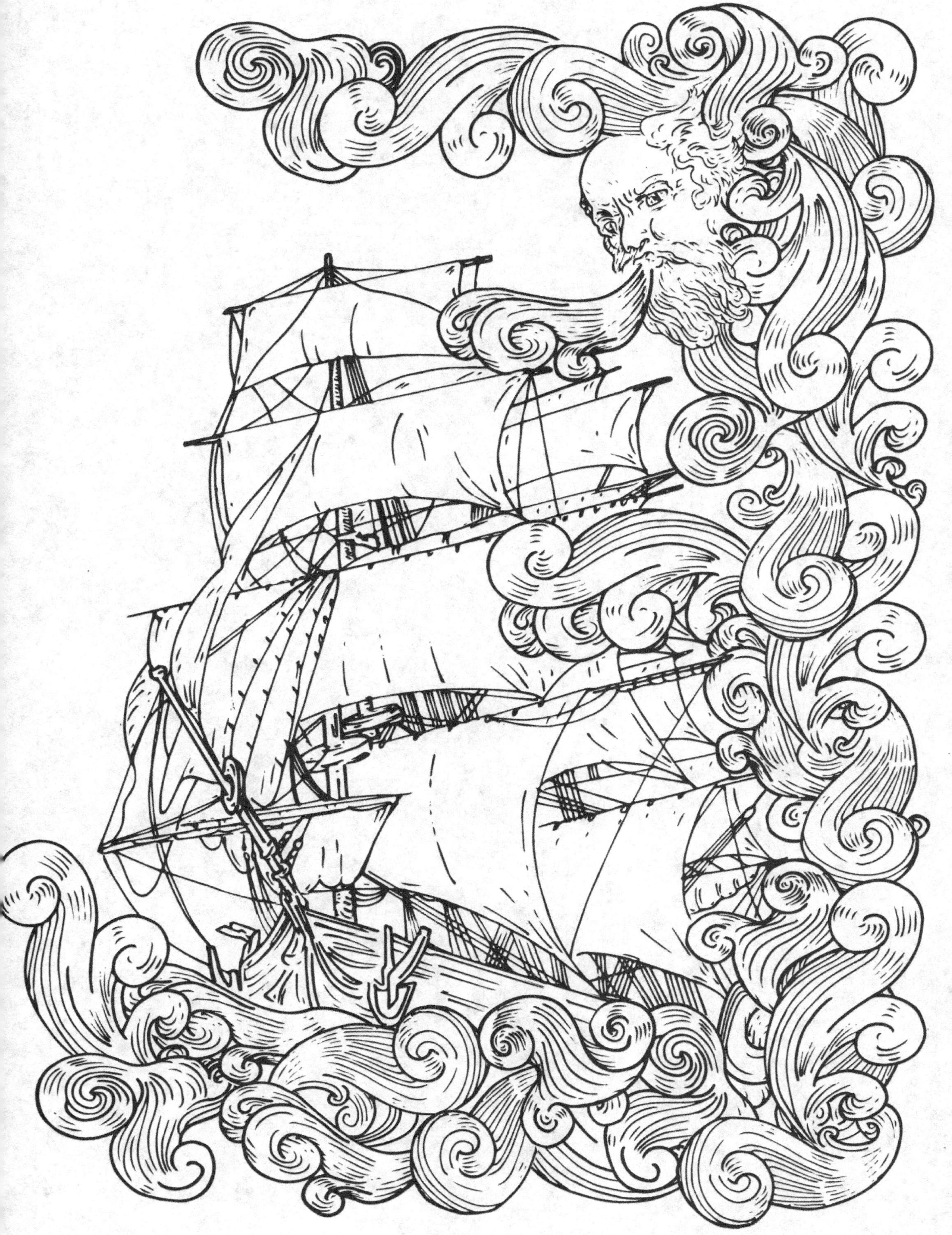

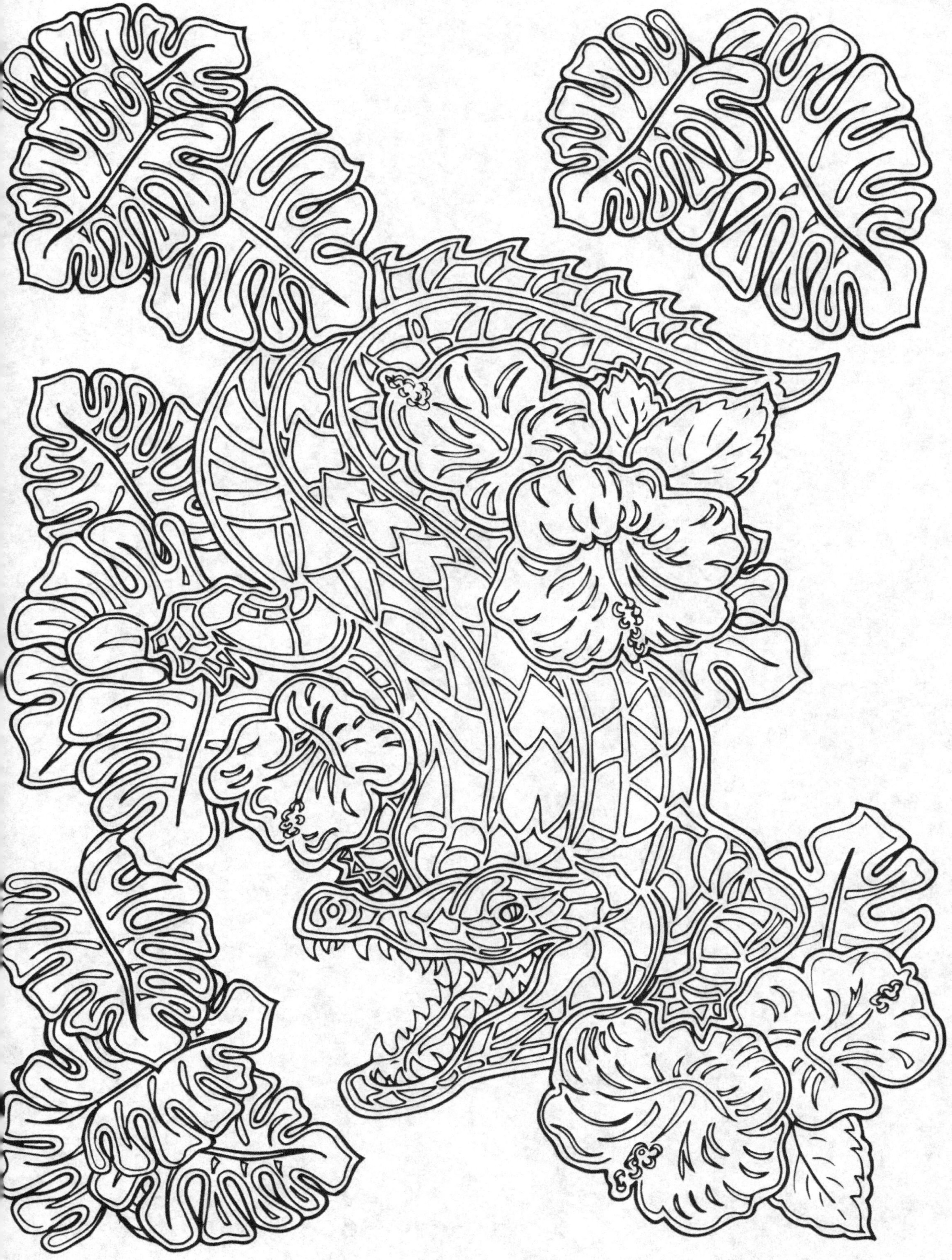

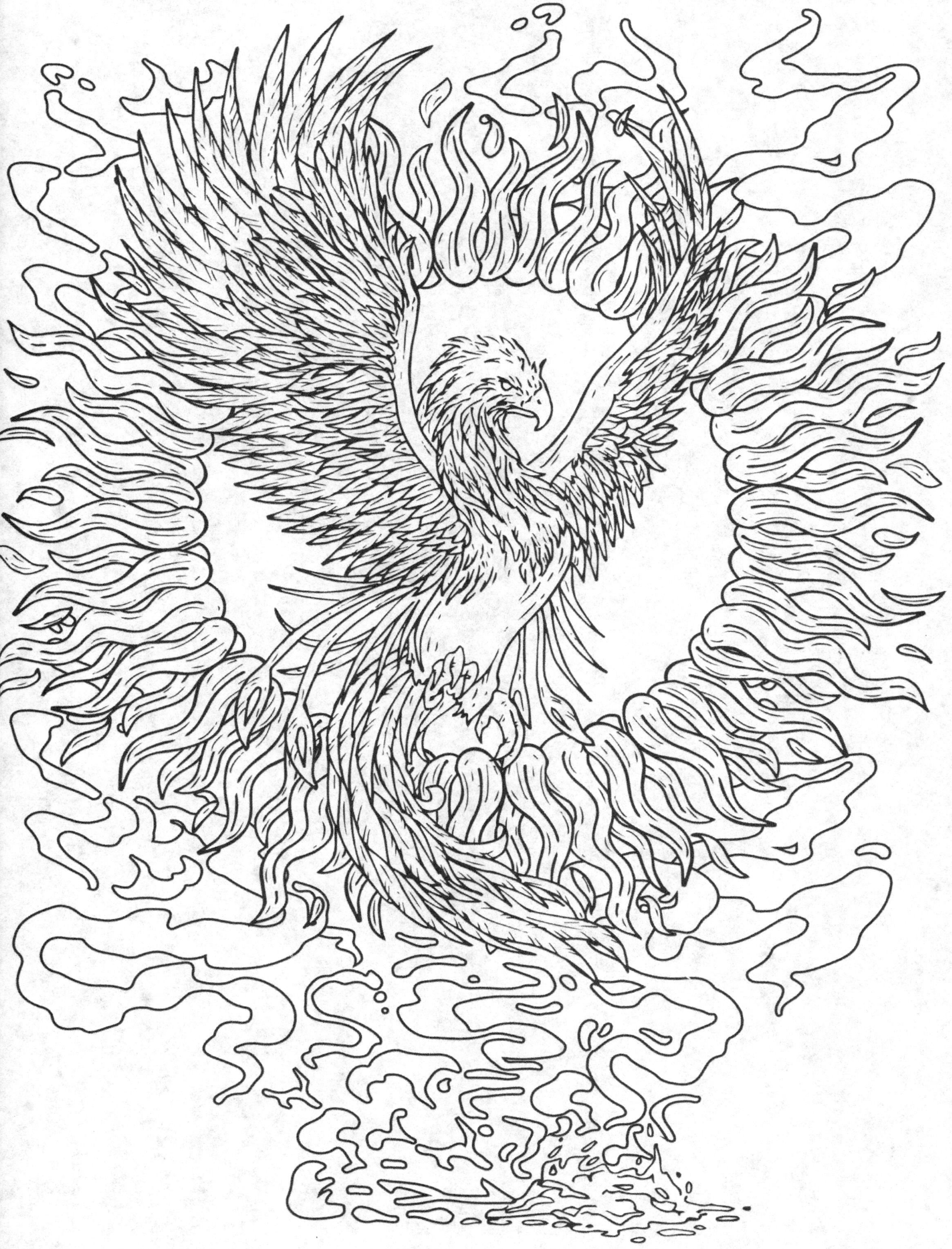

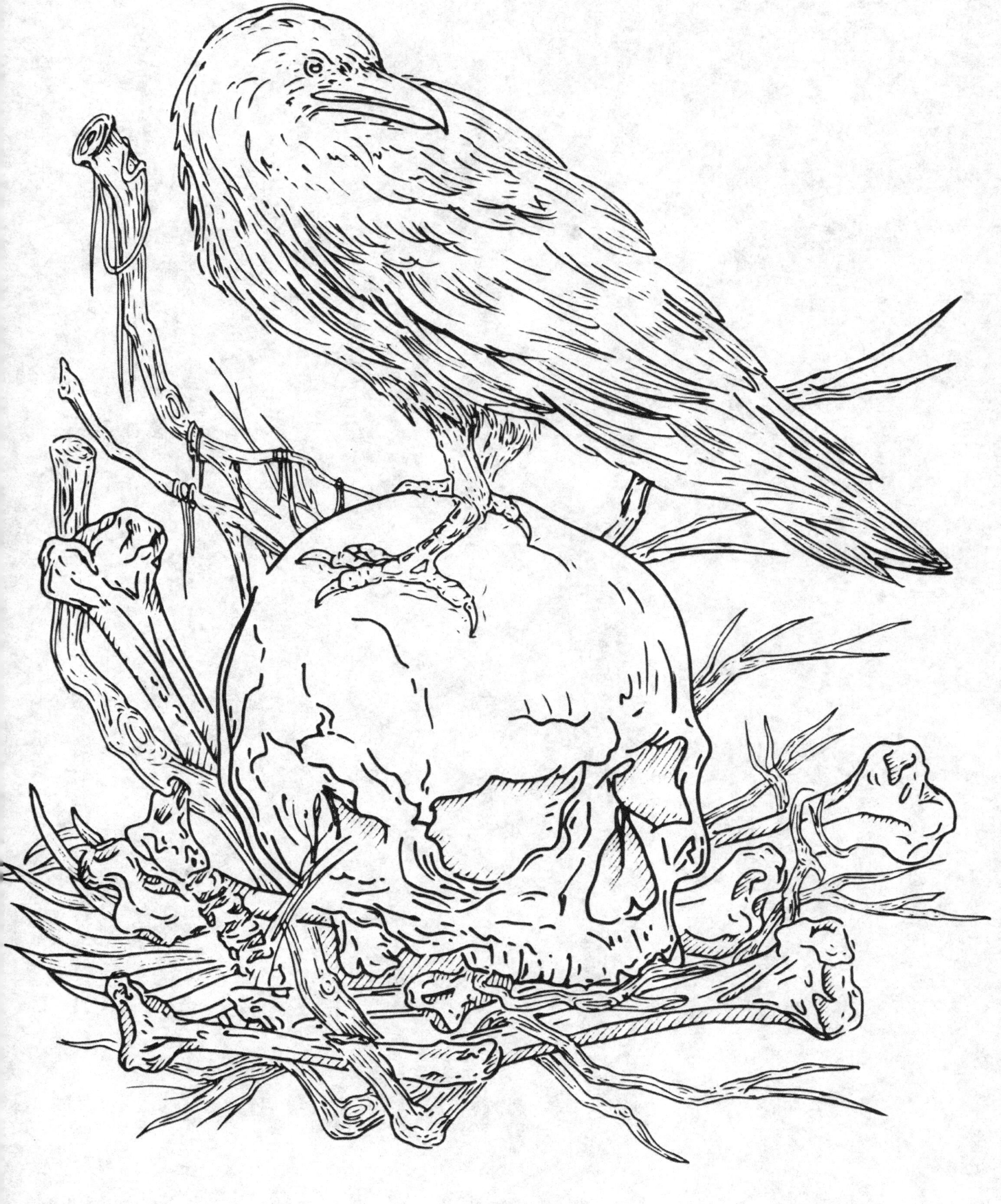

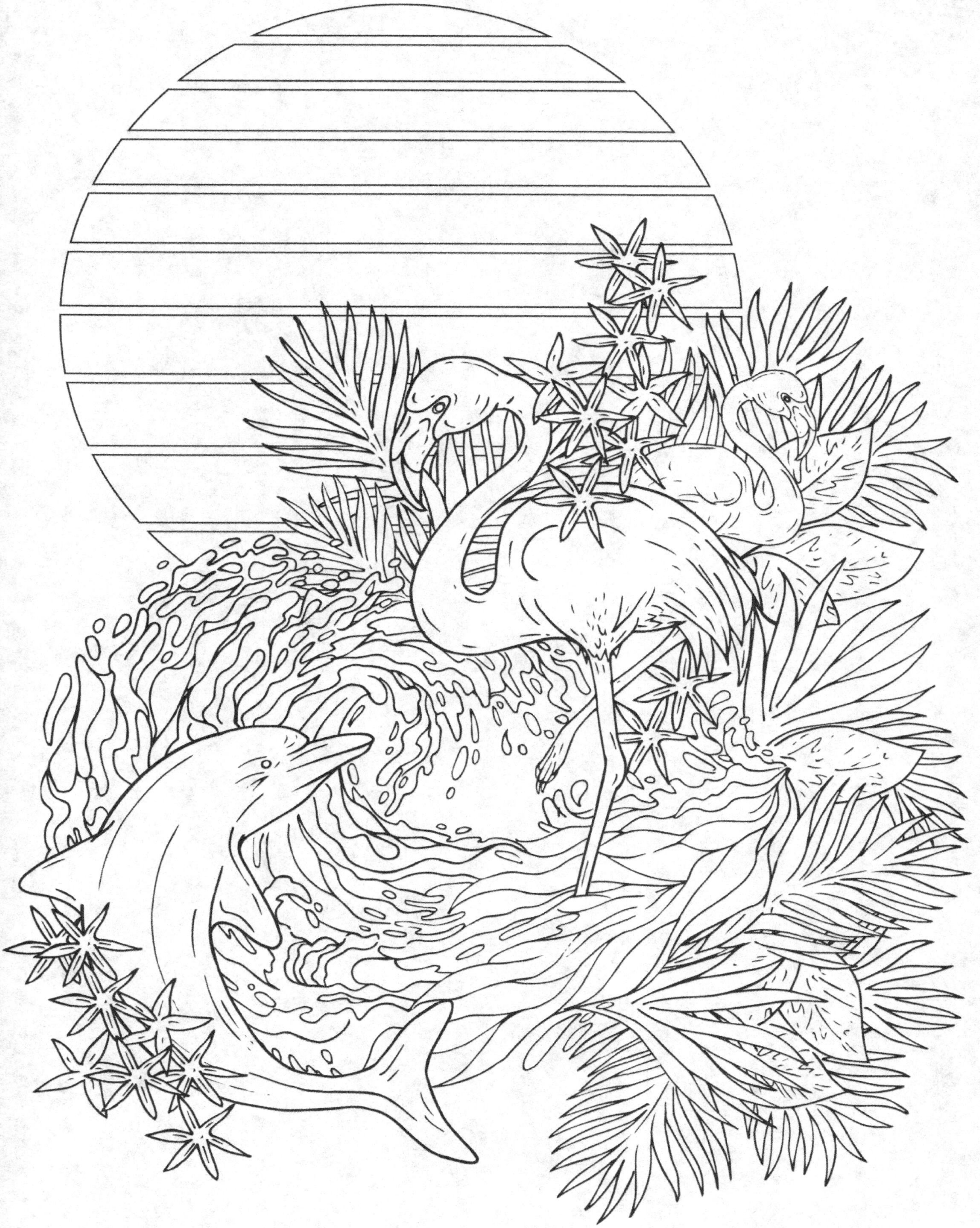

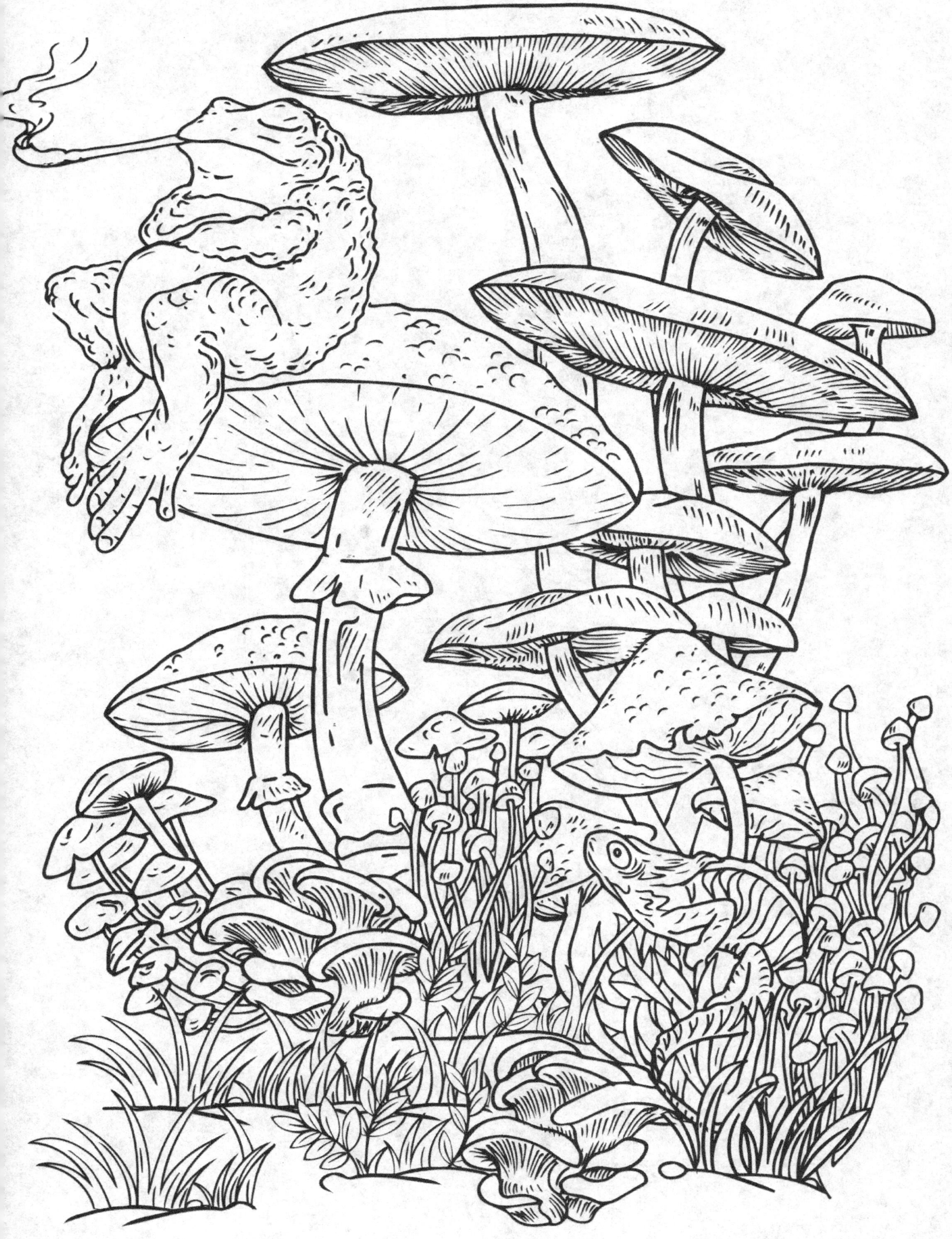

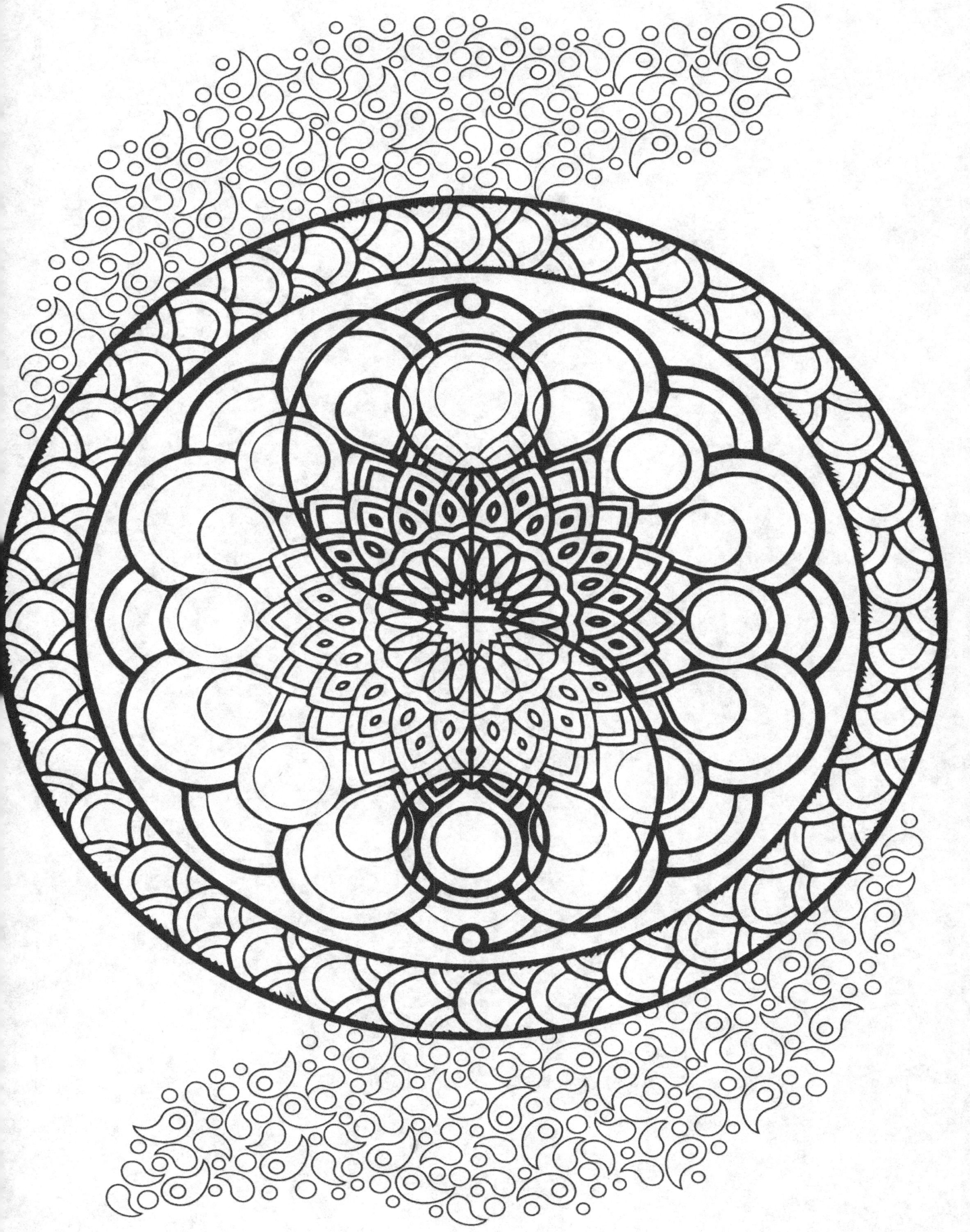

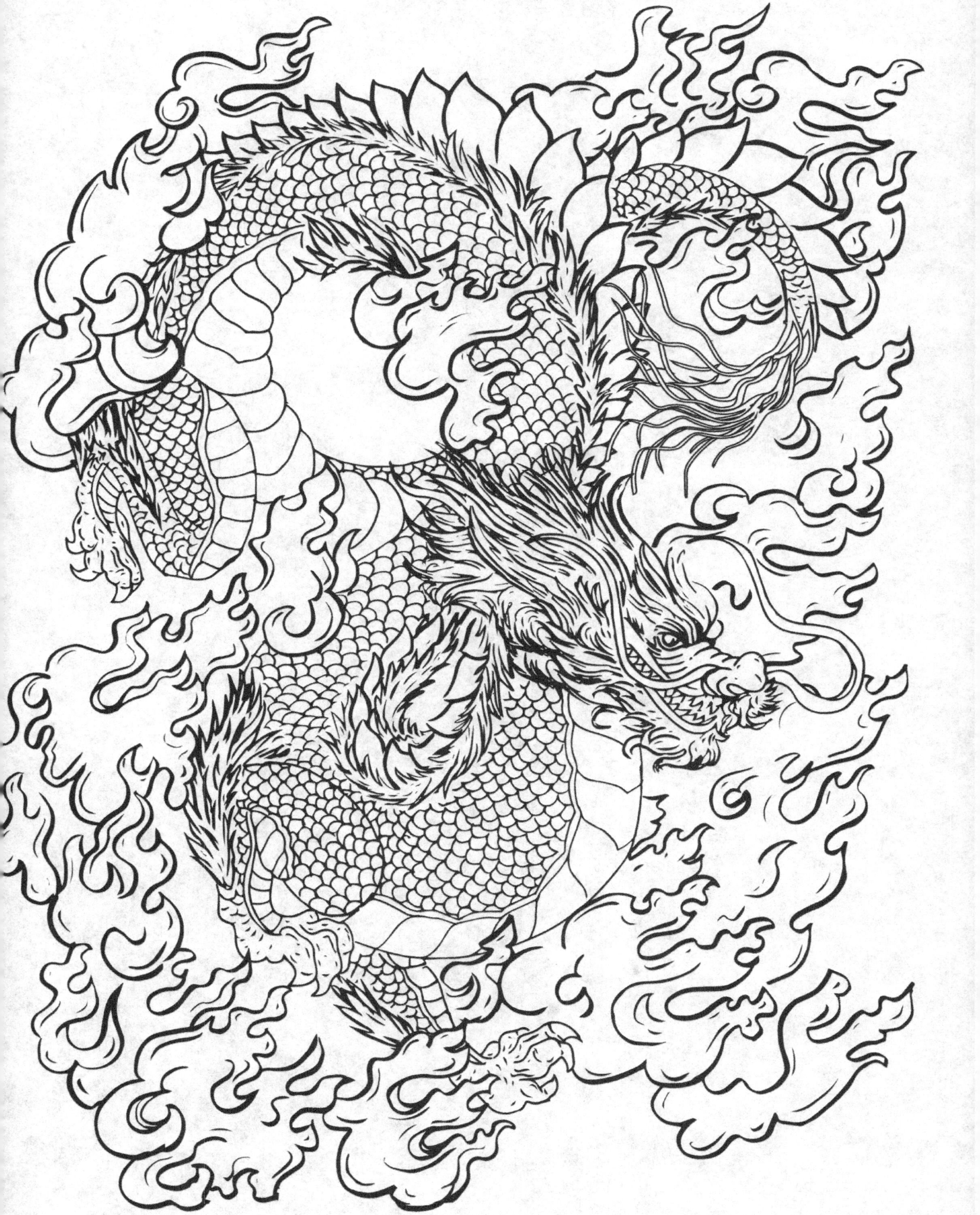

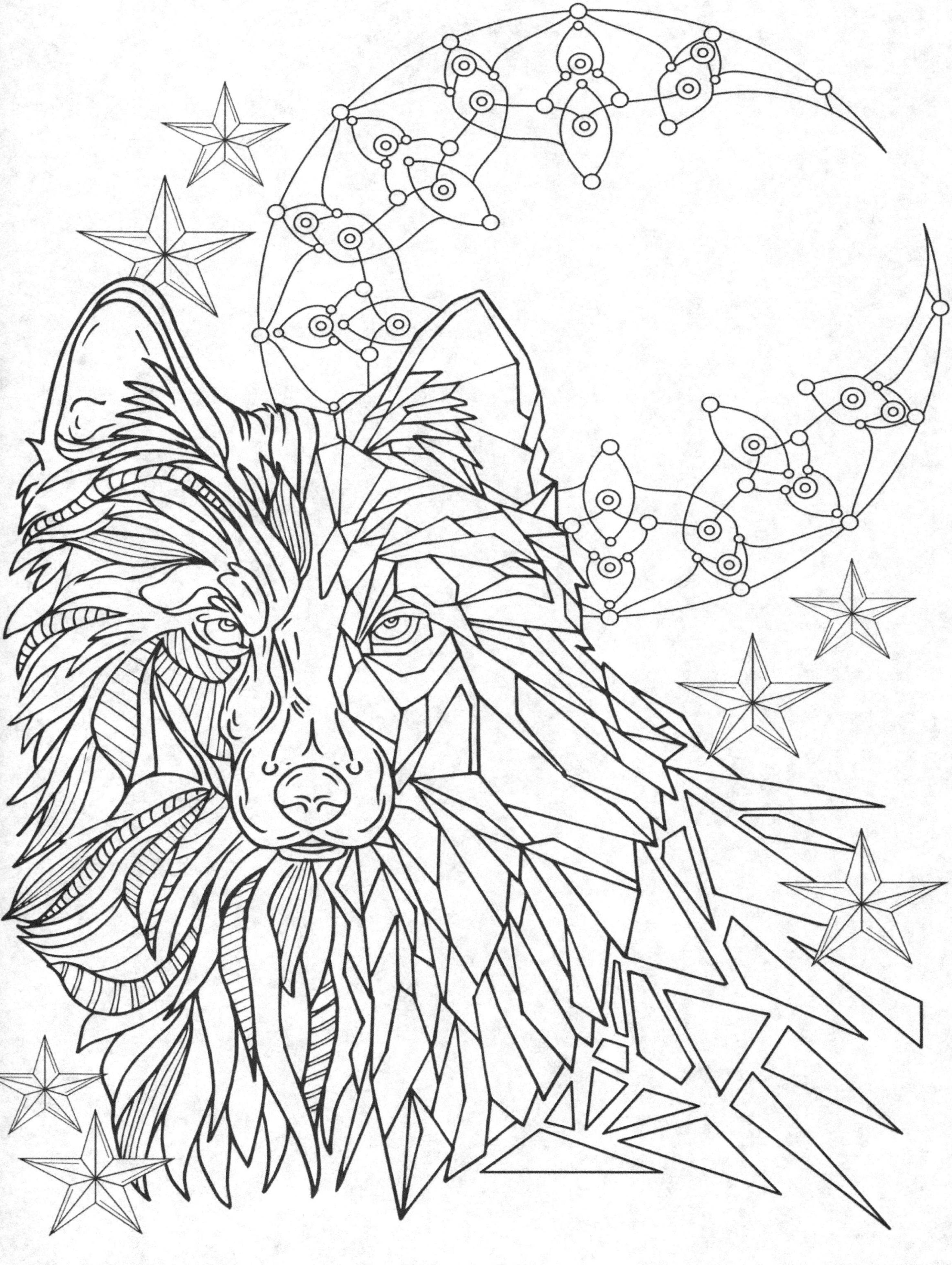

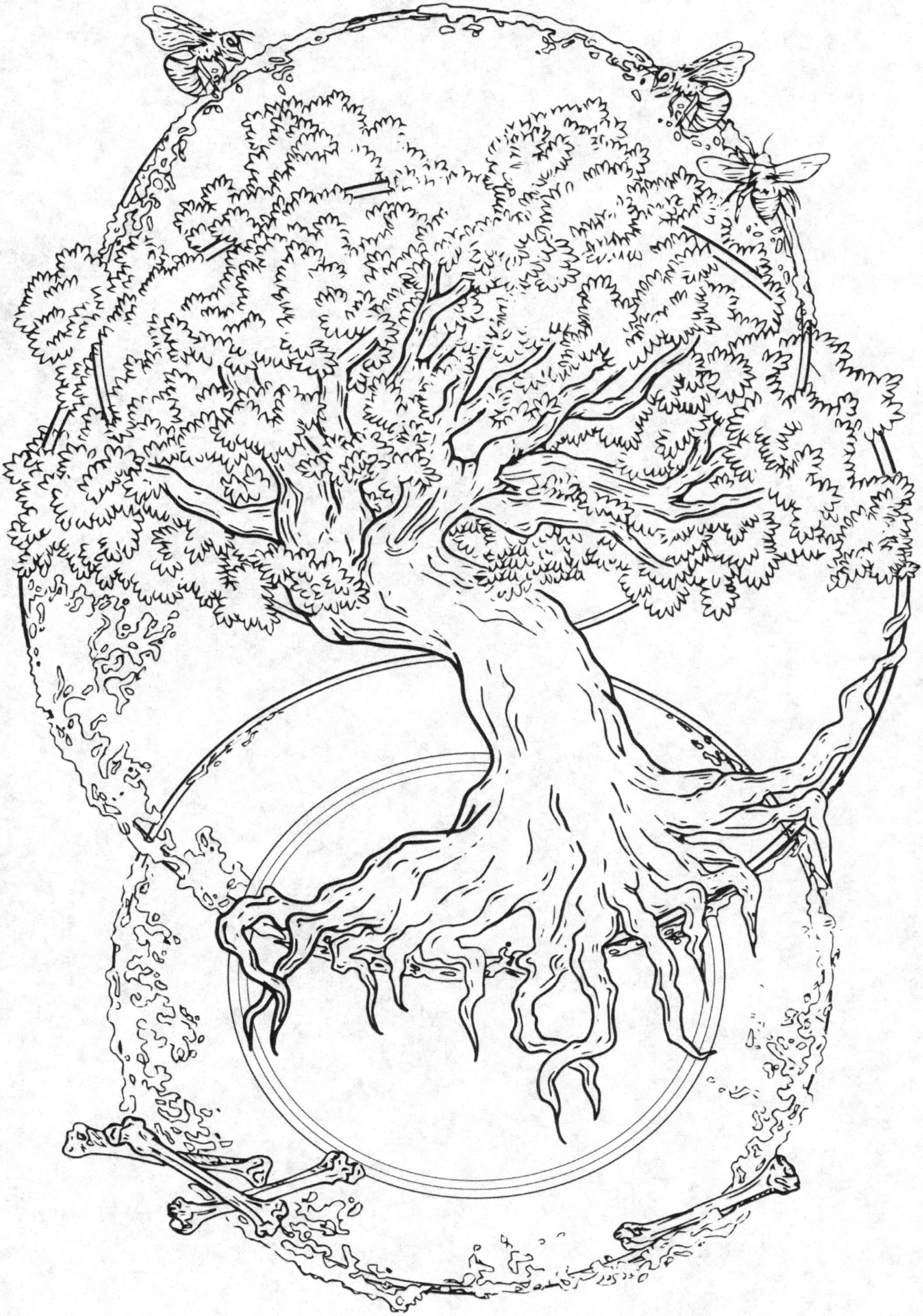

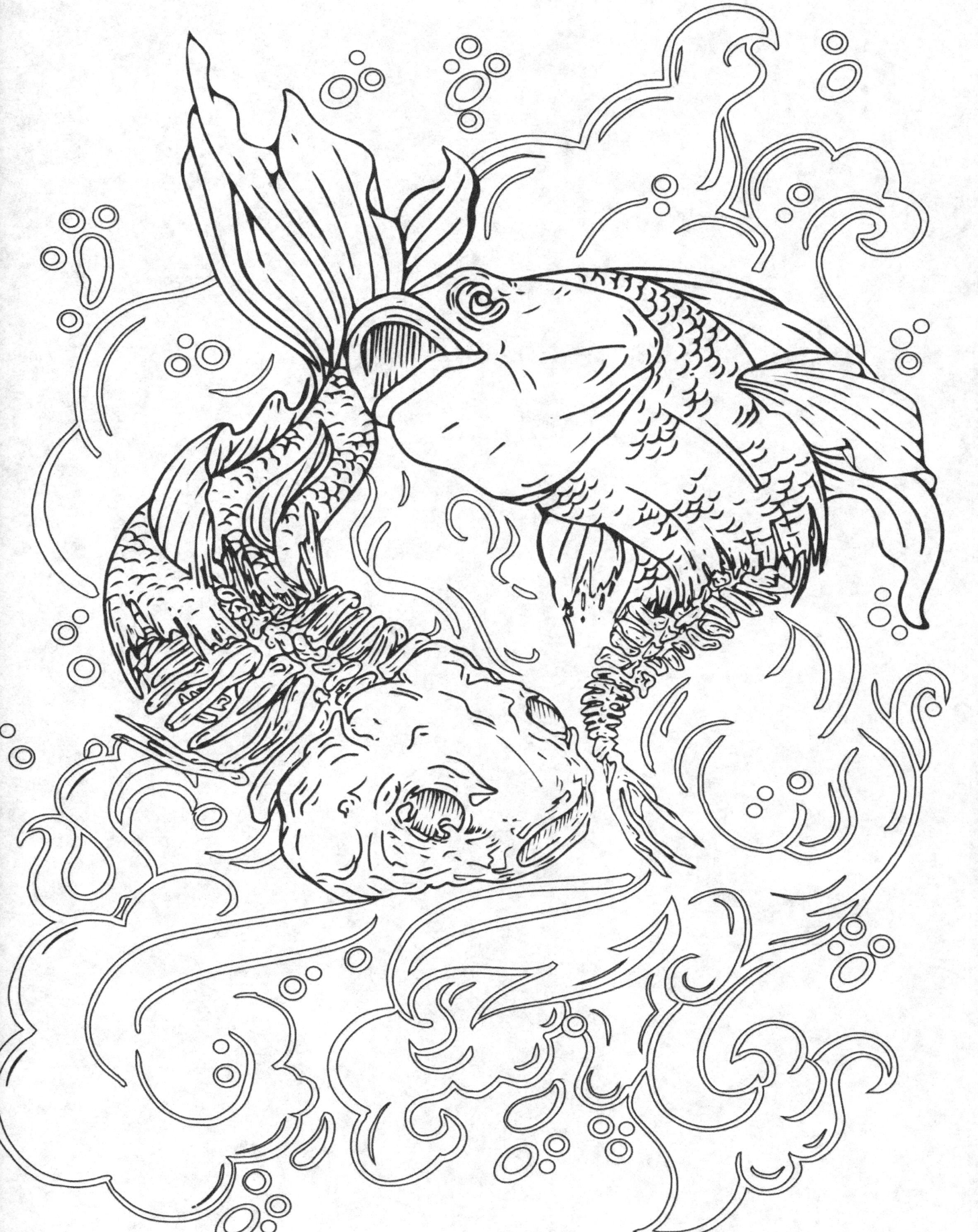

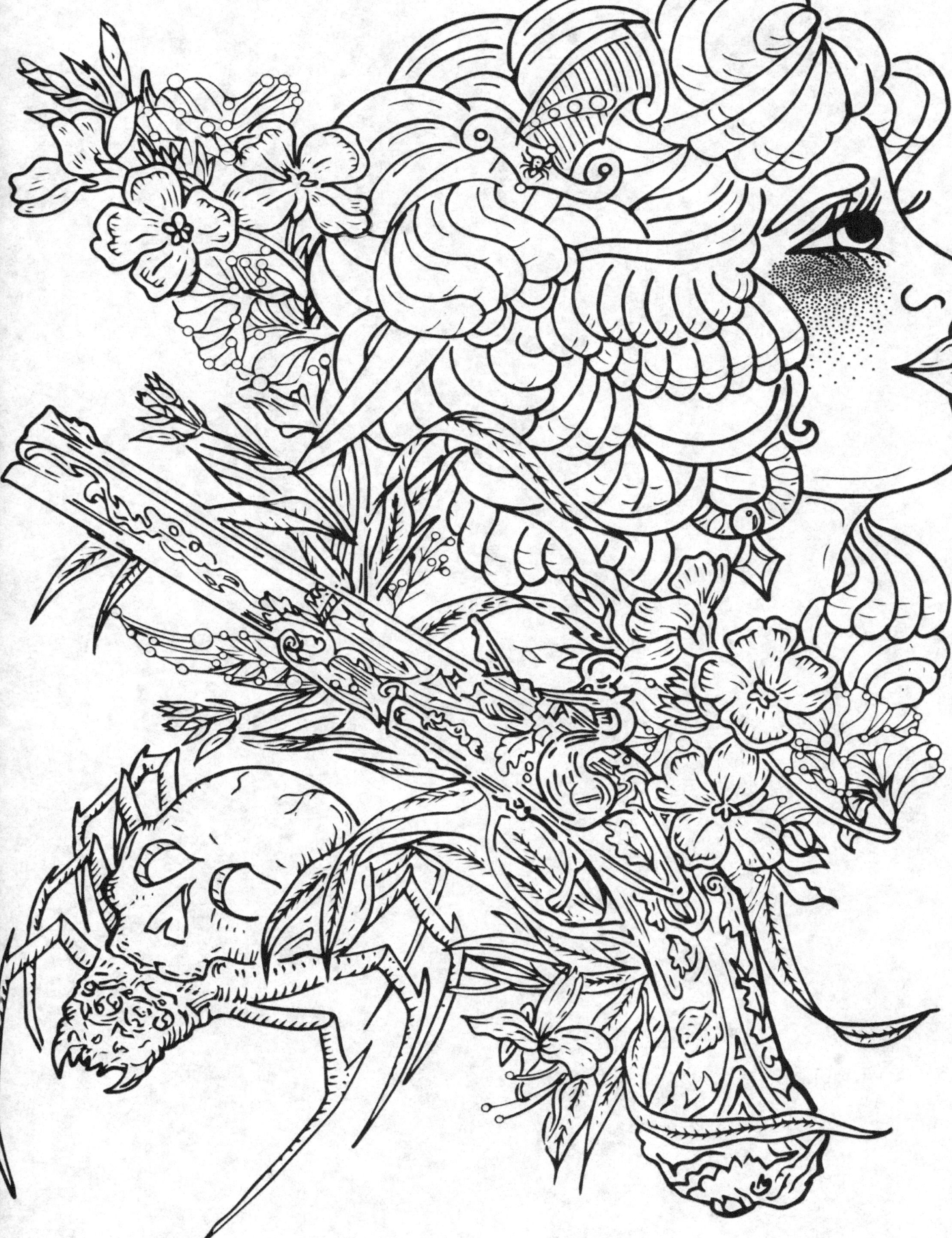

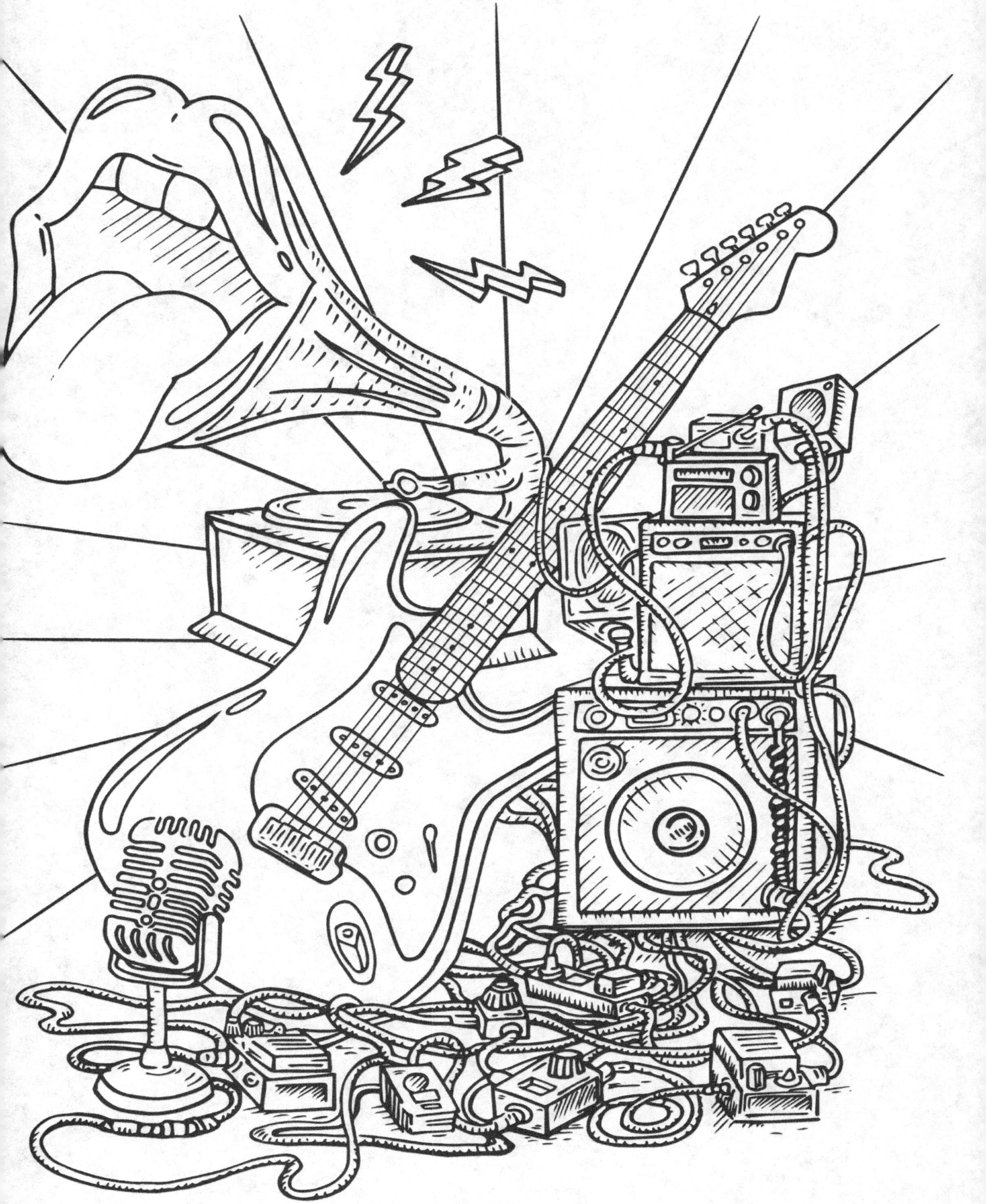

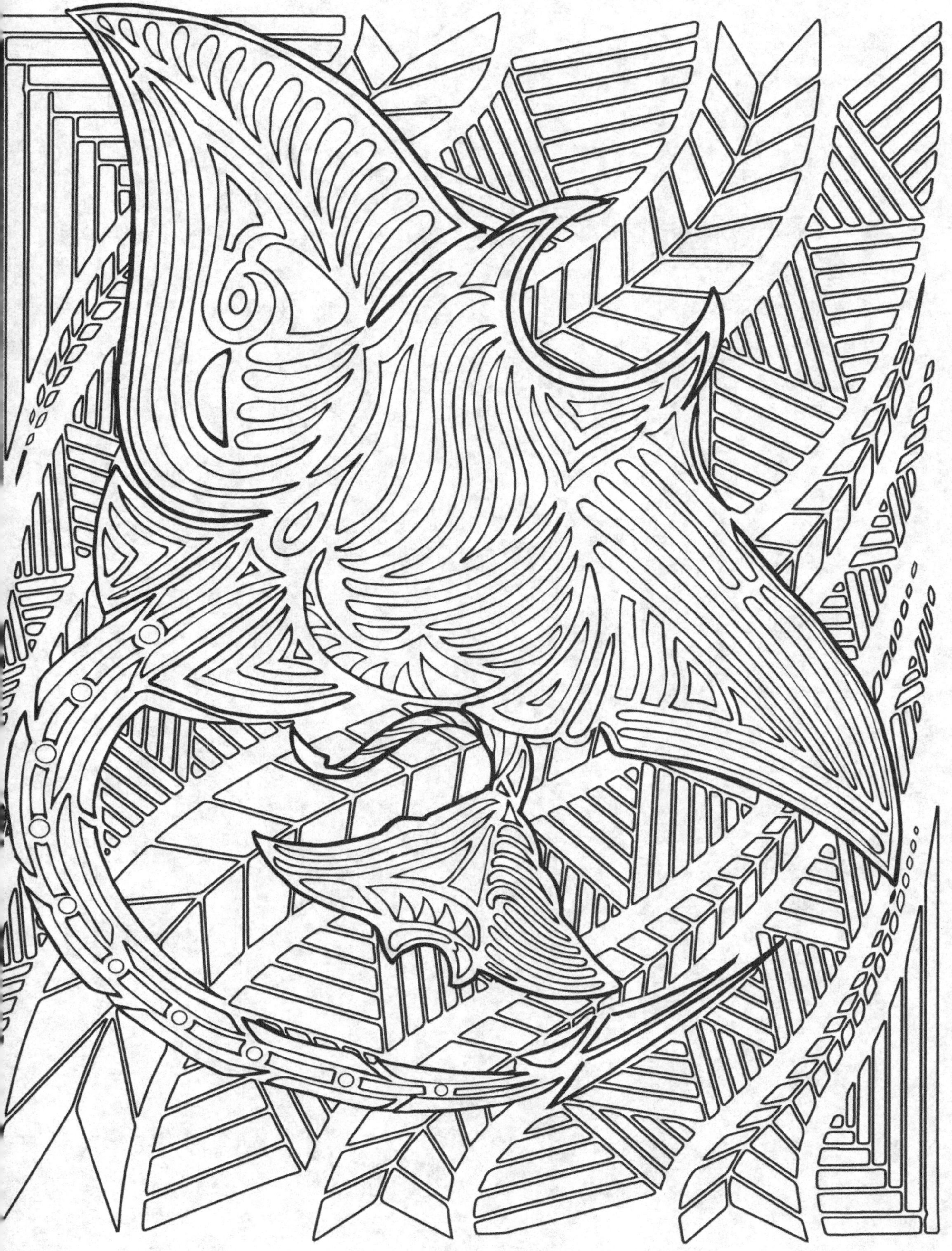

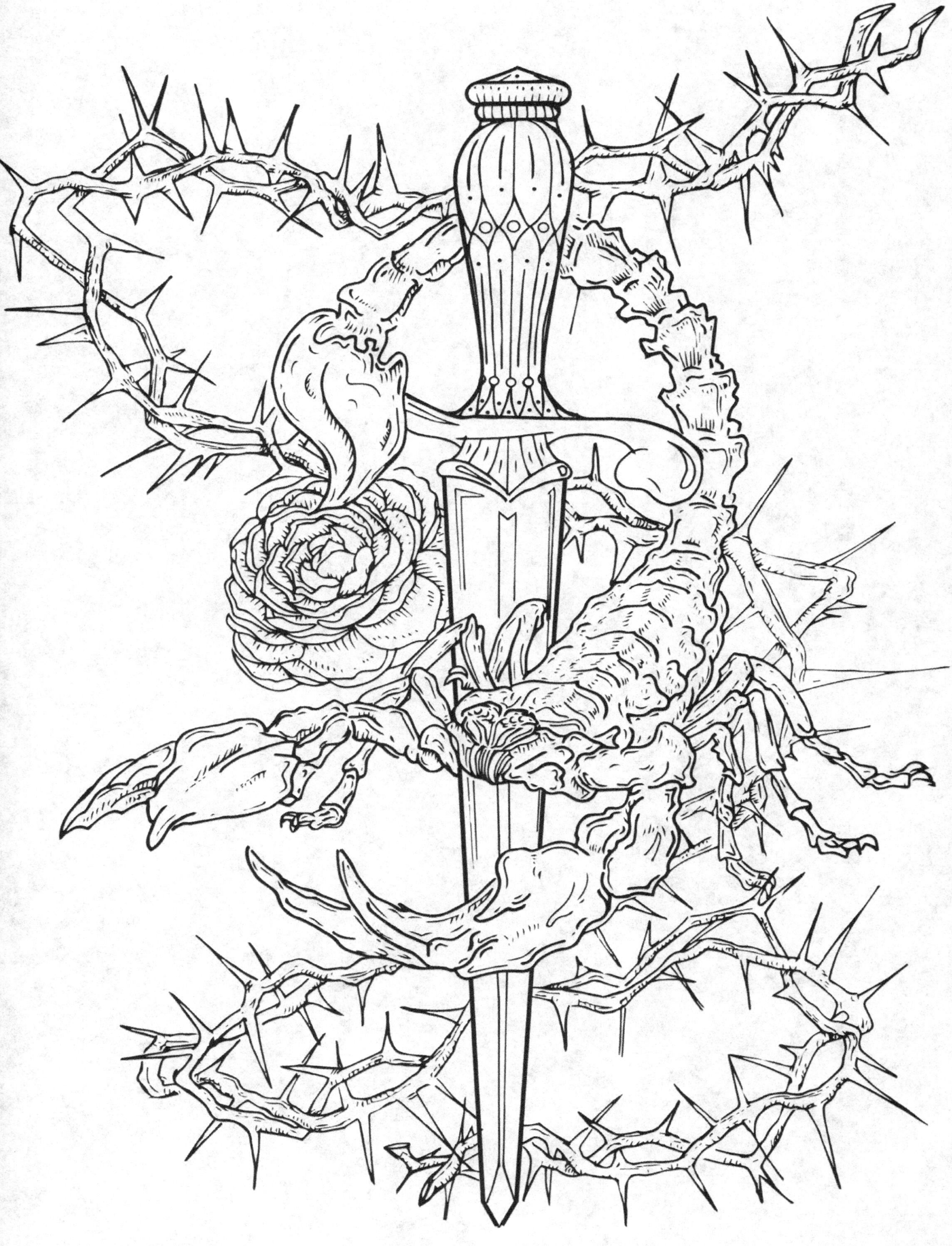

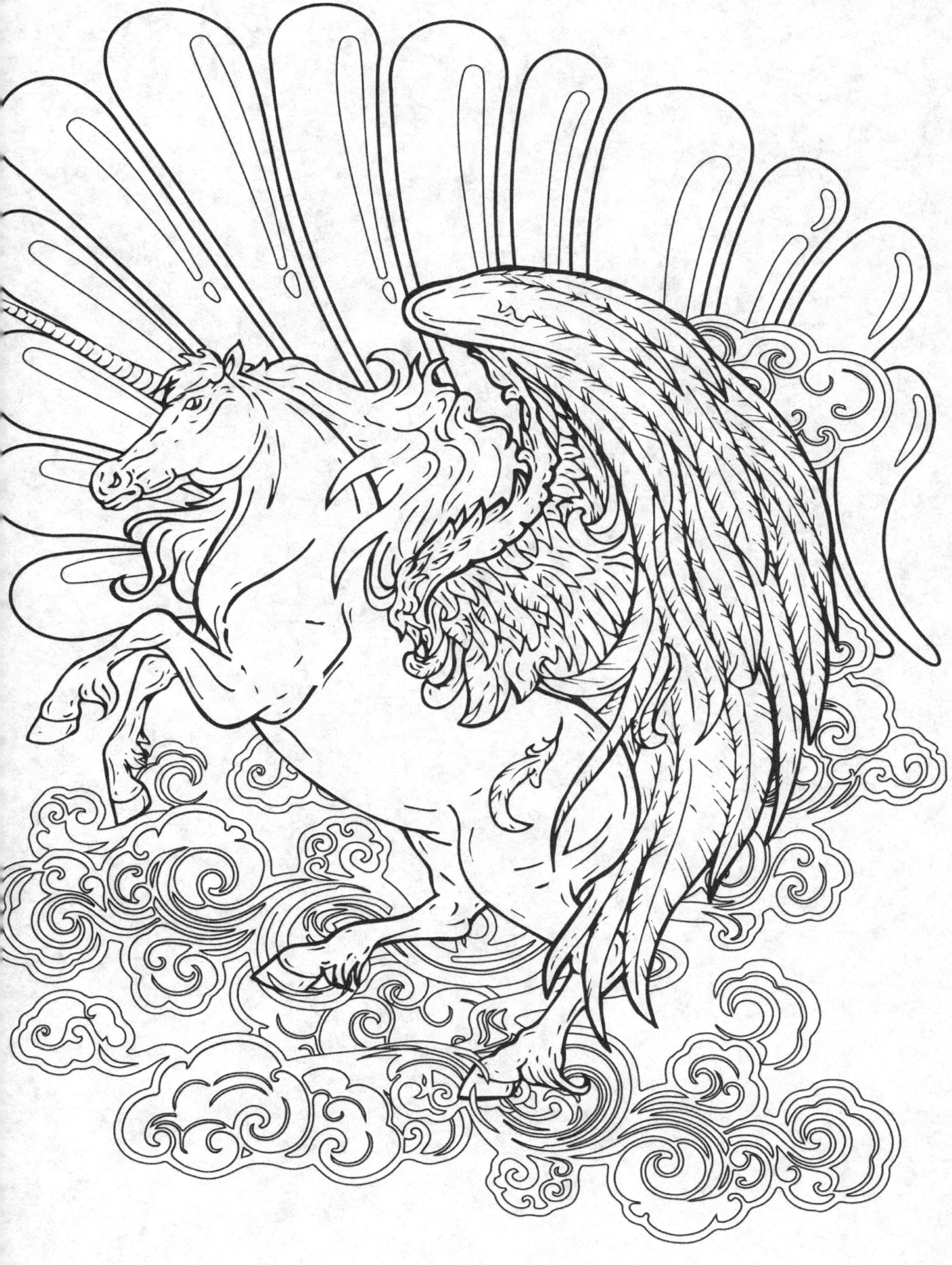

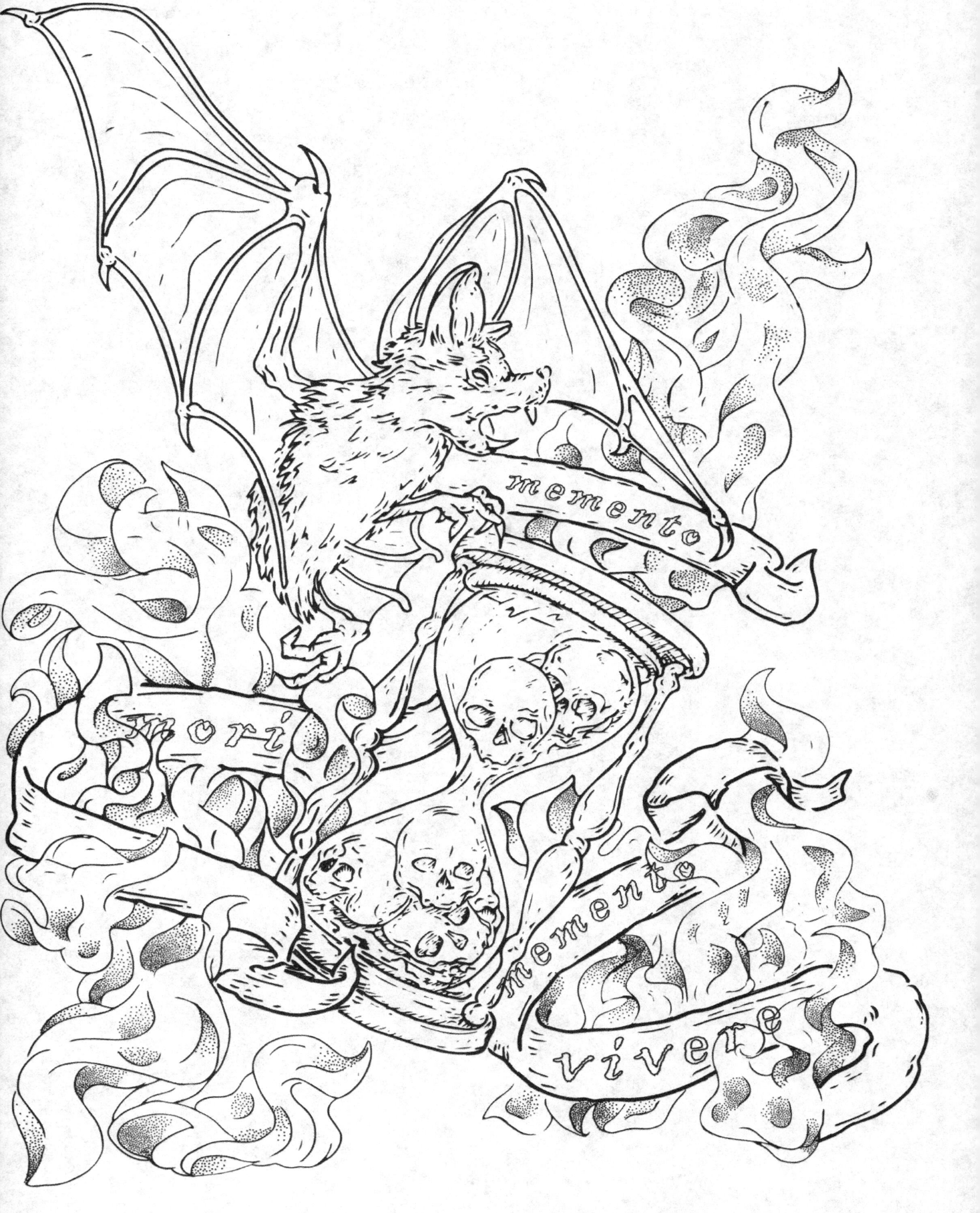
memento
mori
memento
vivere

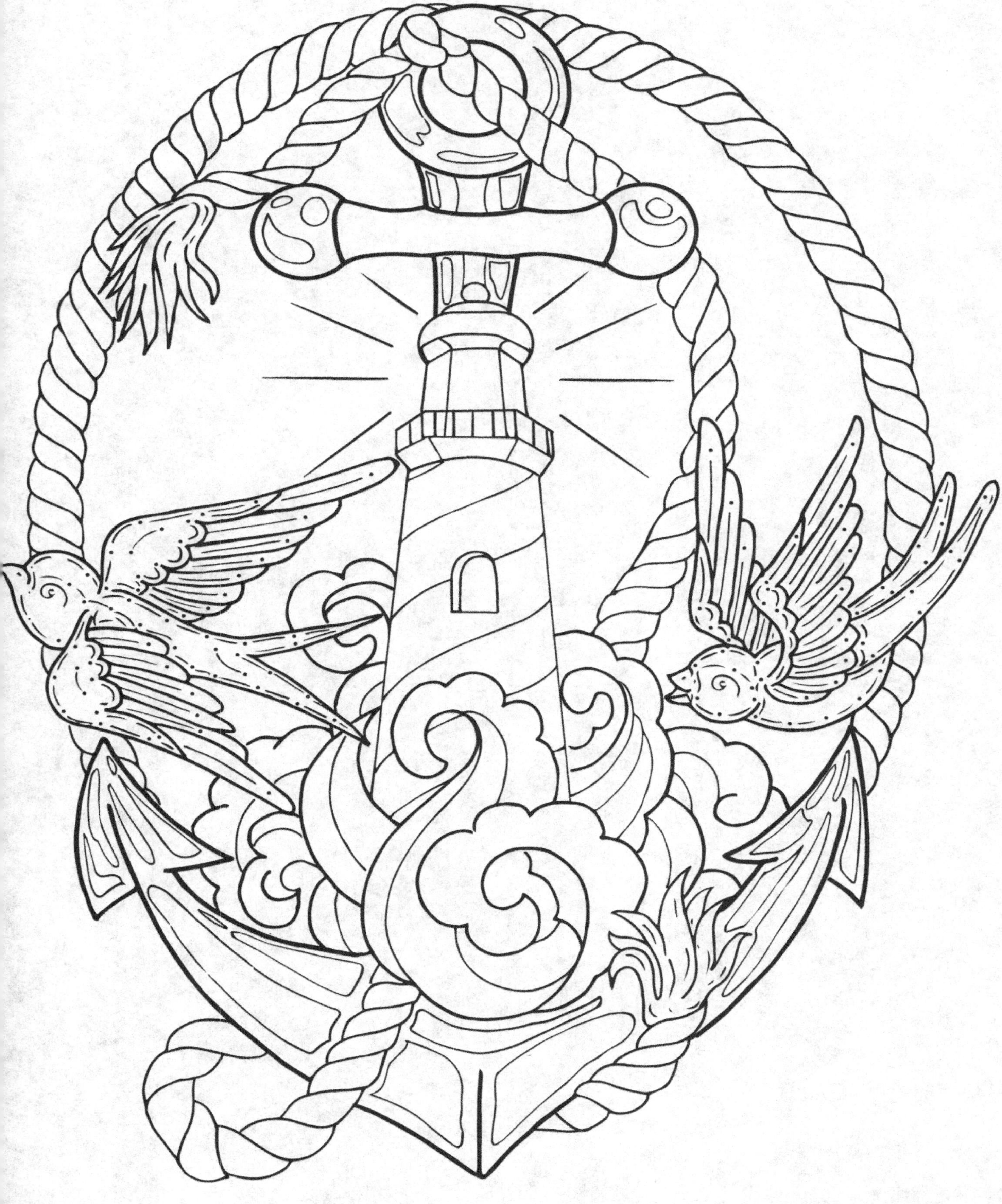

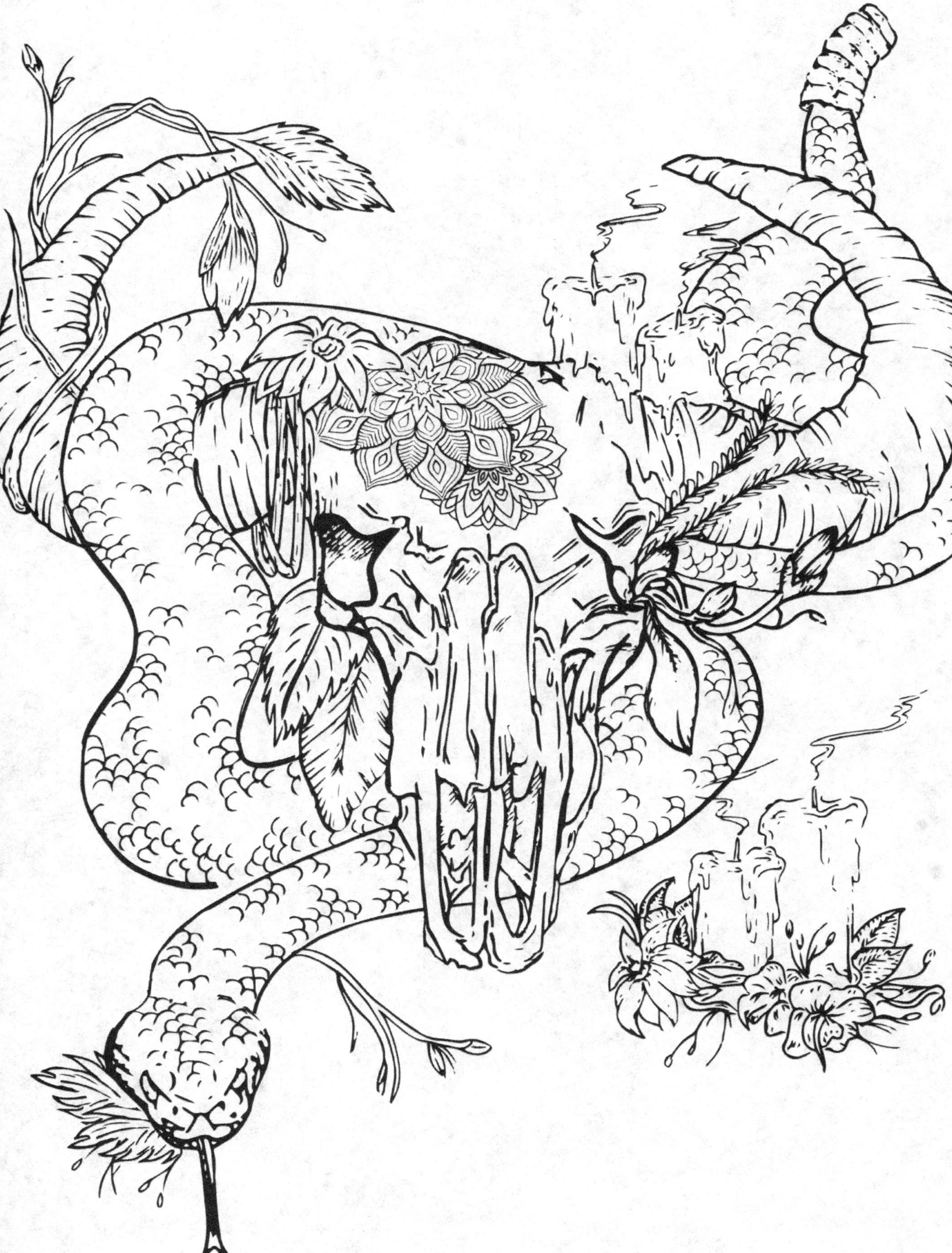

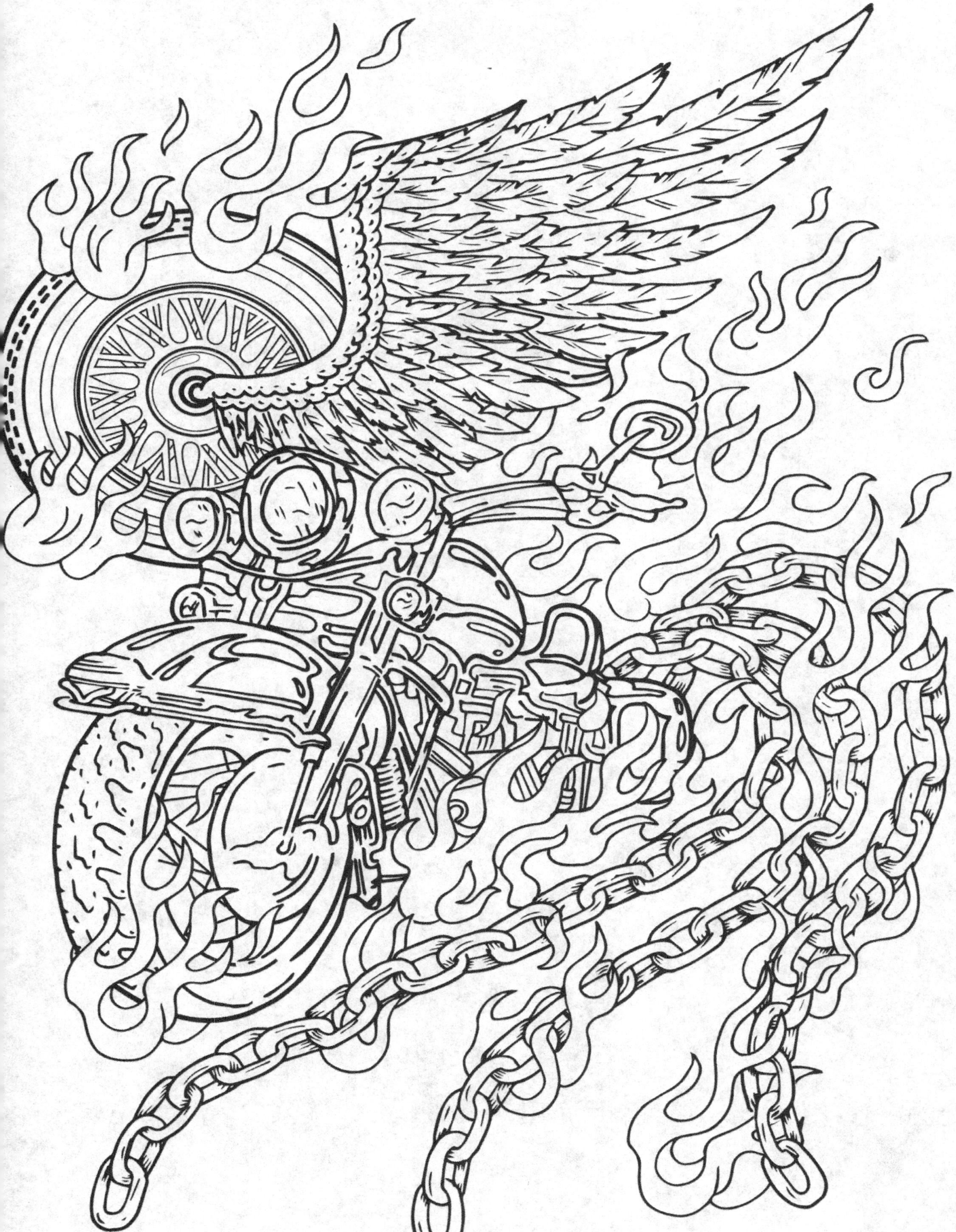

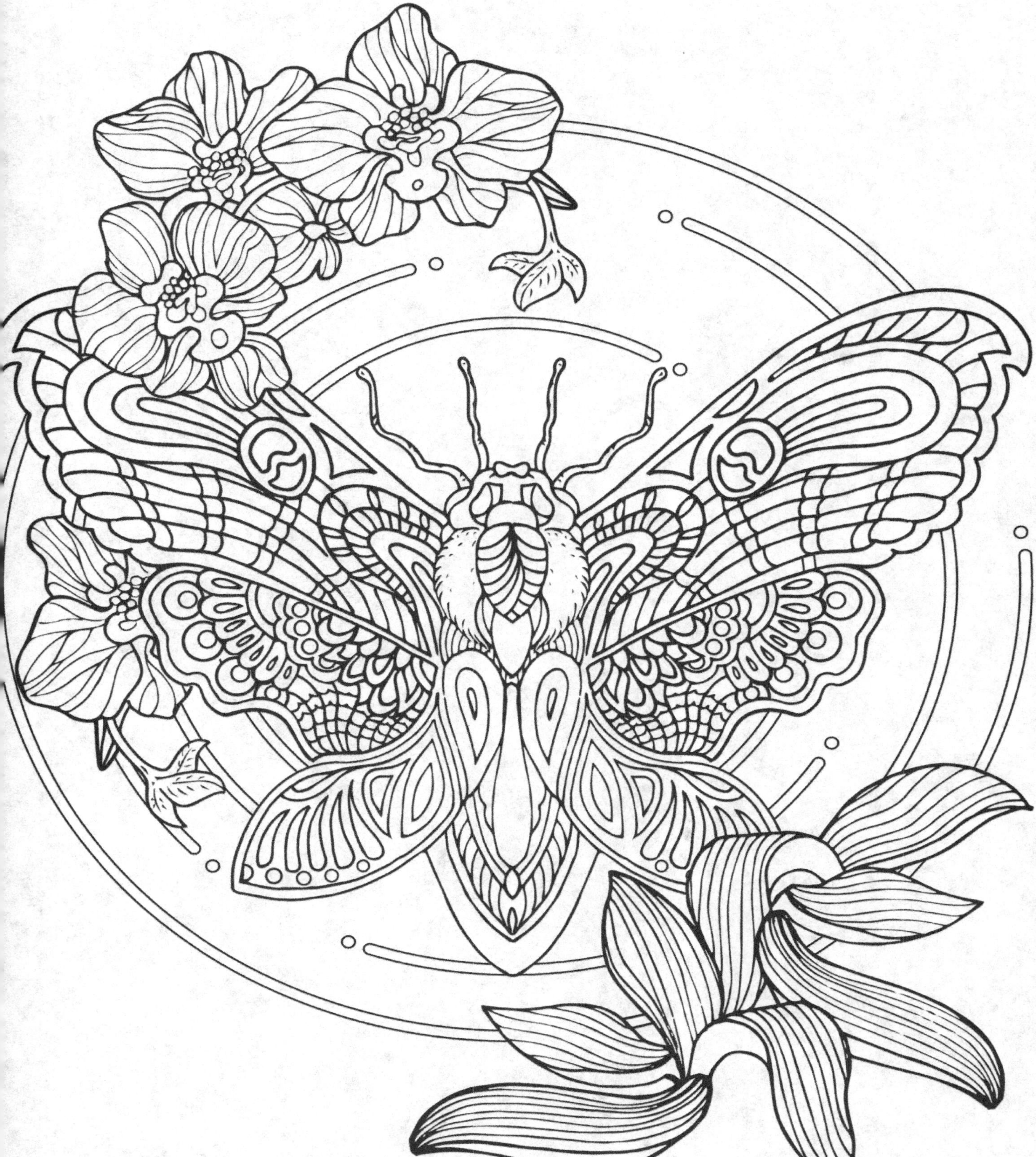

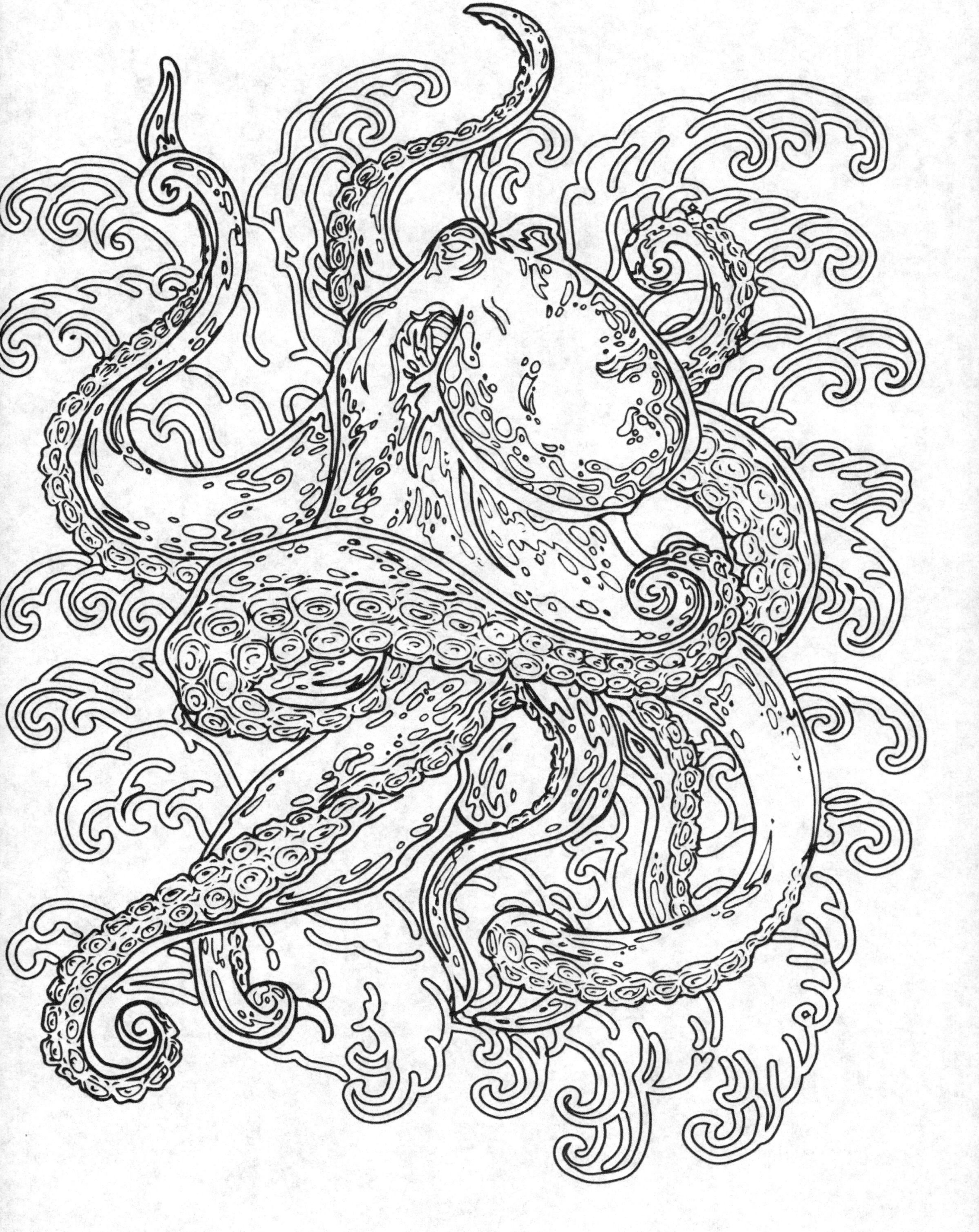

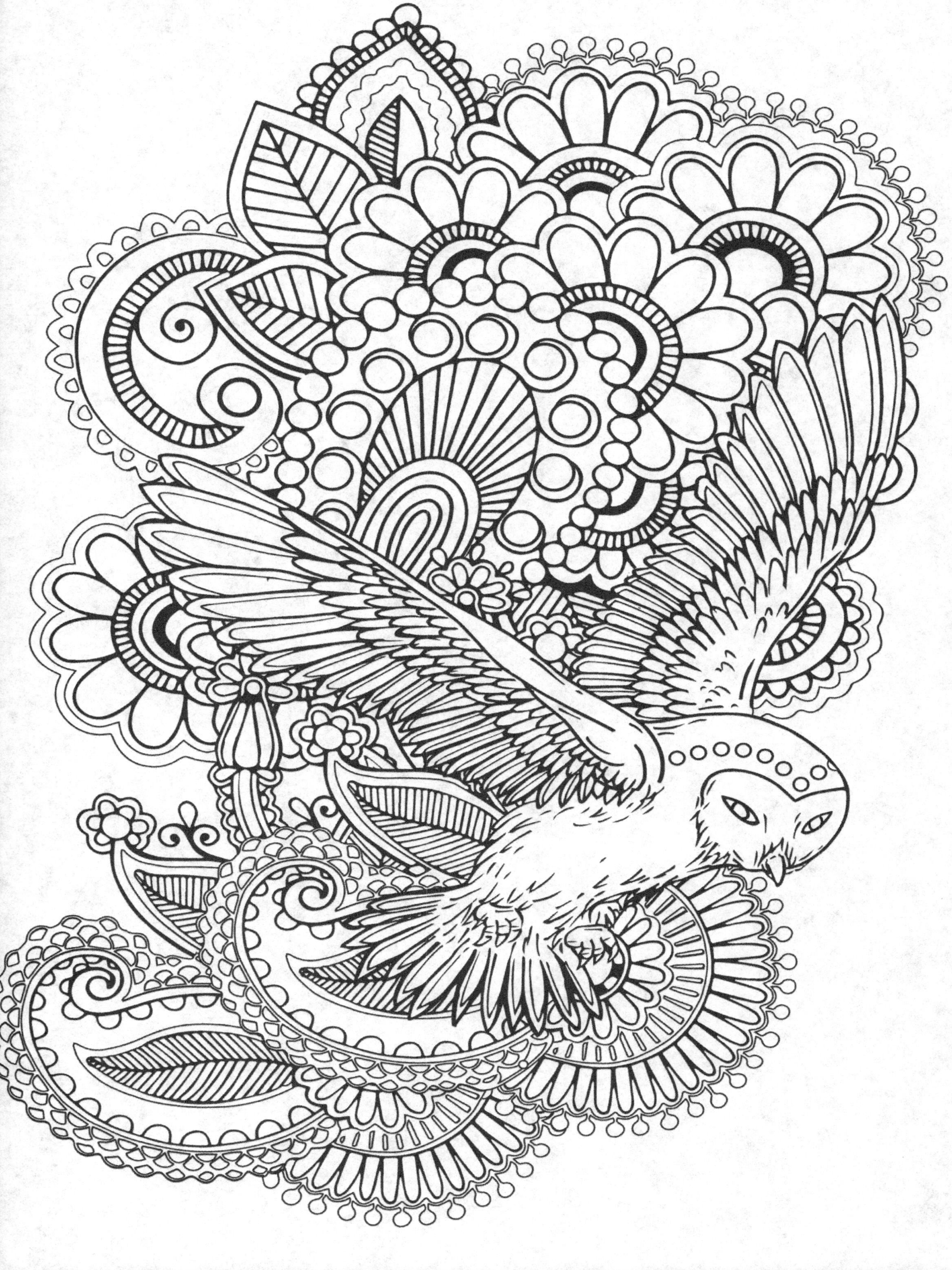

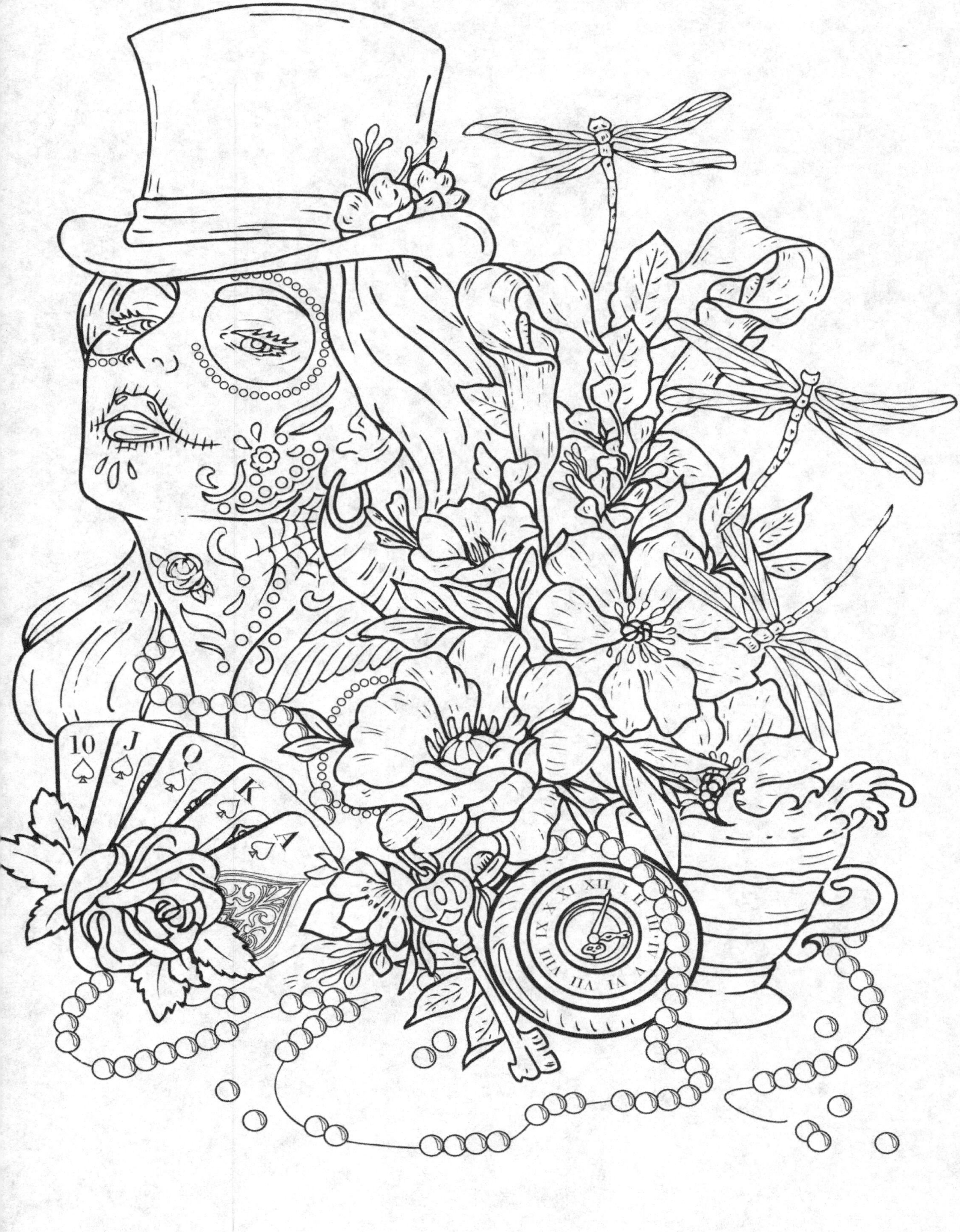

10
J
Q
K
A
XII

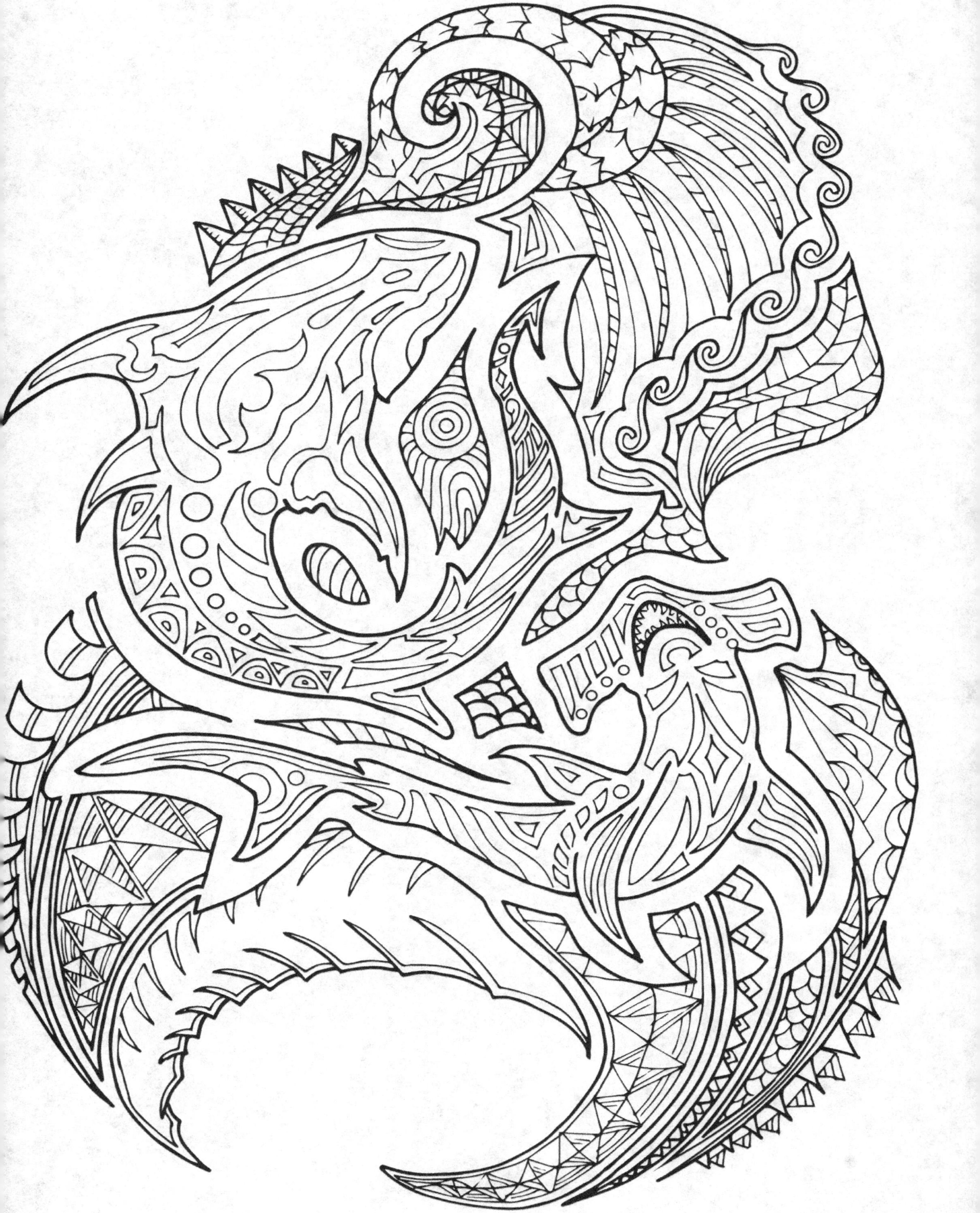

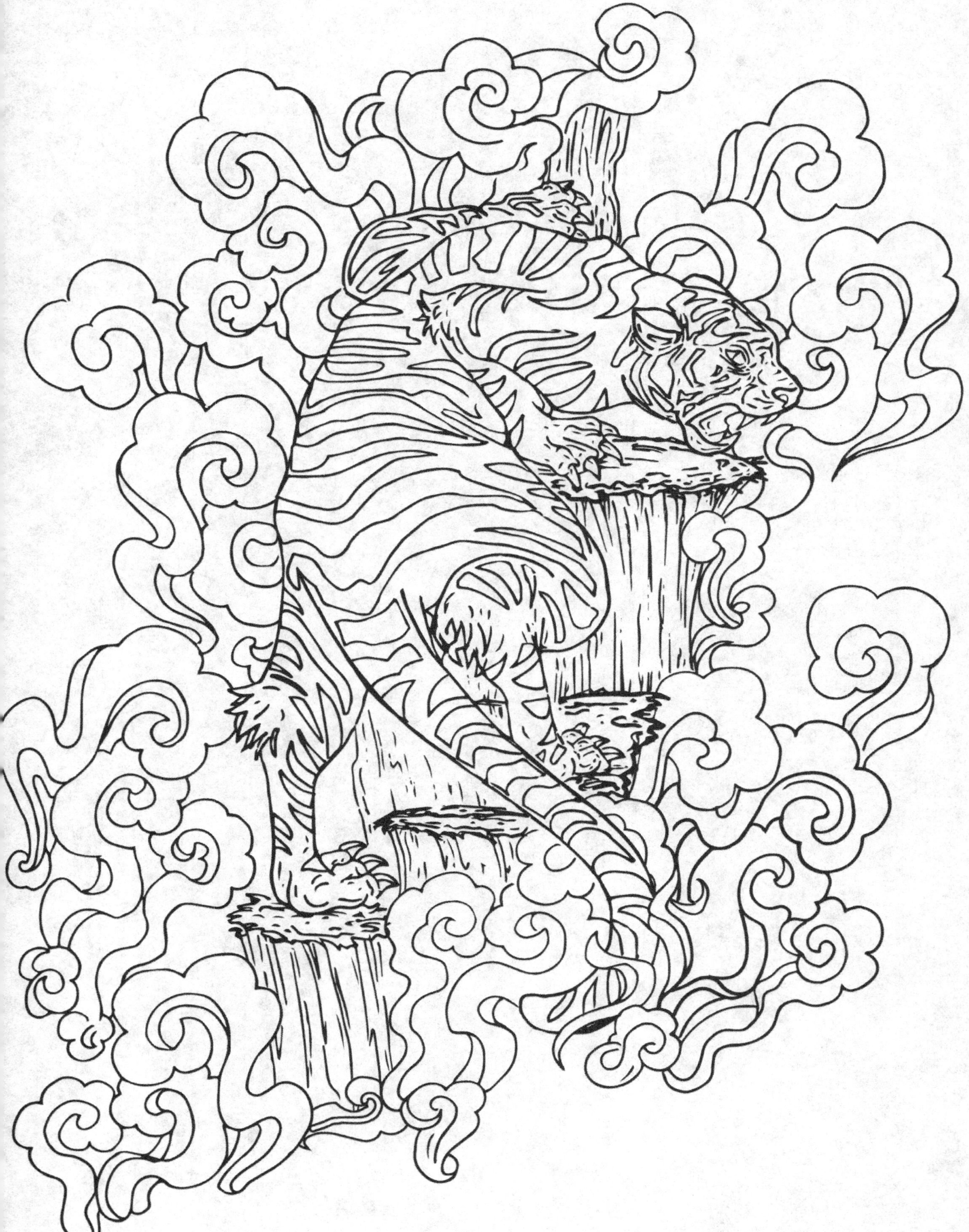

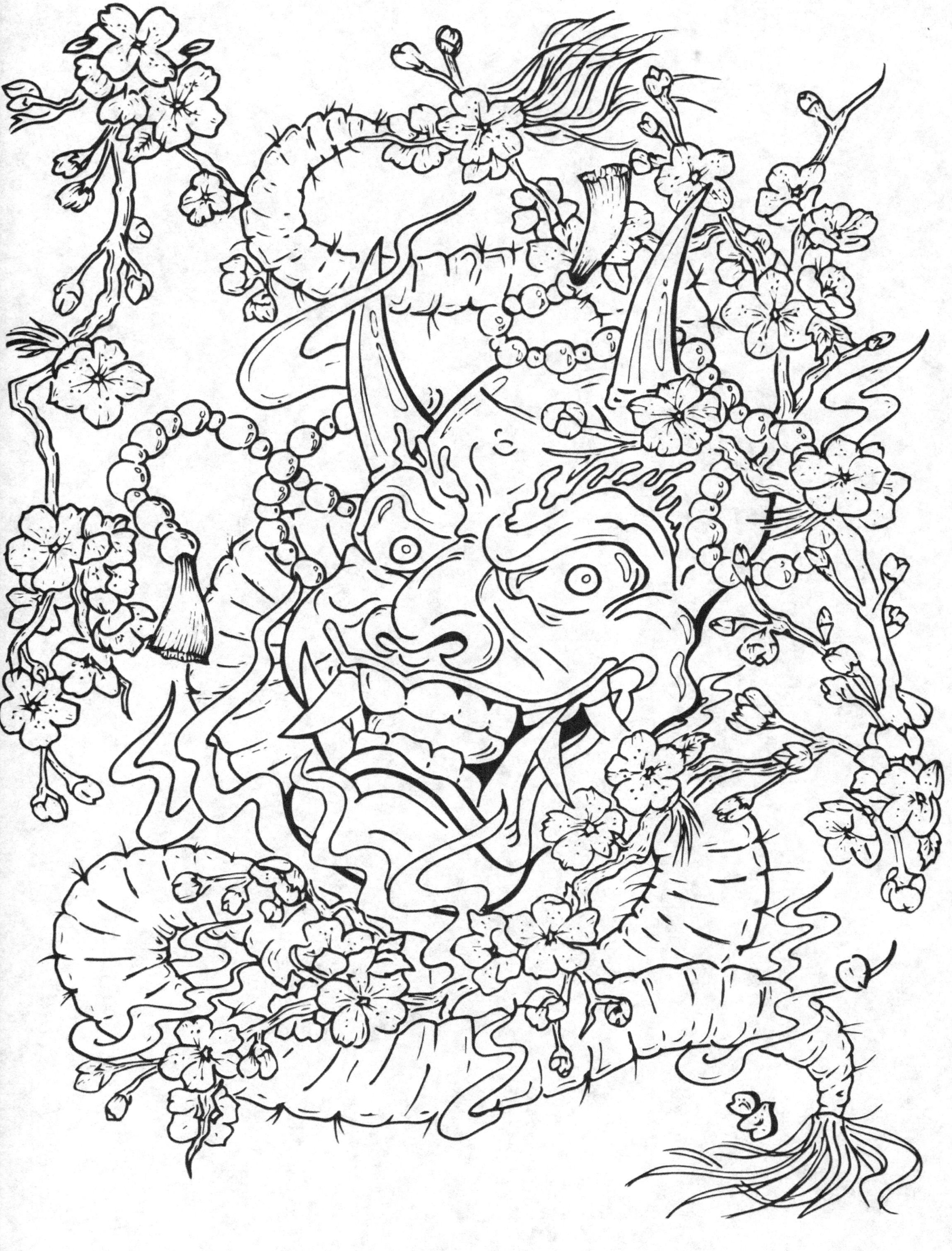

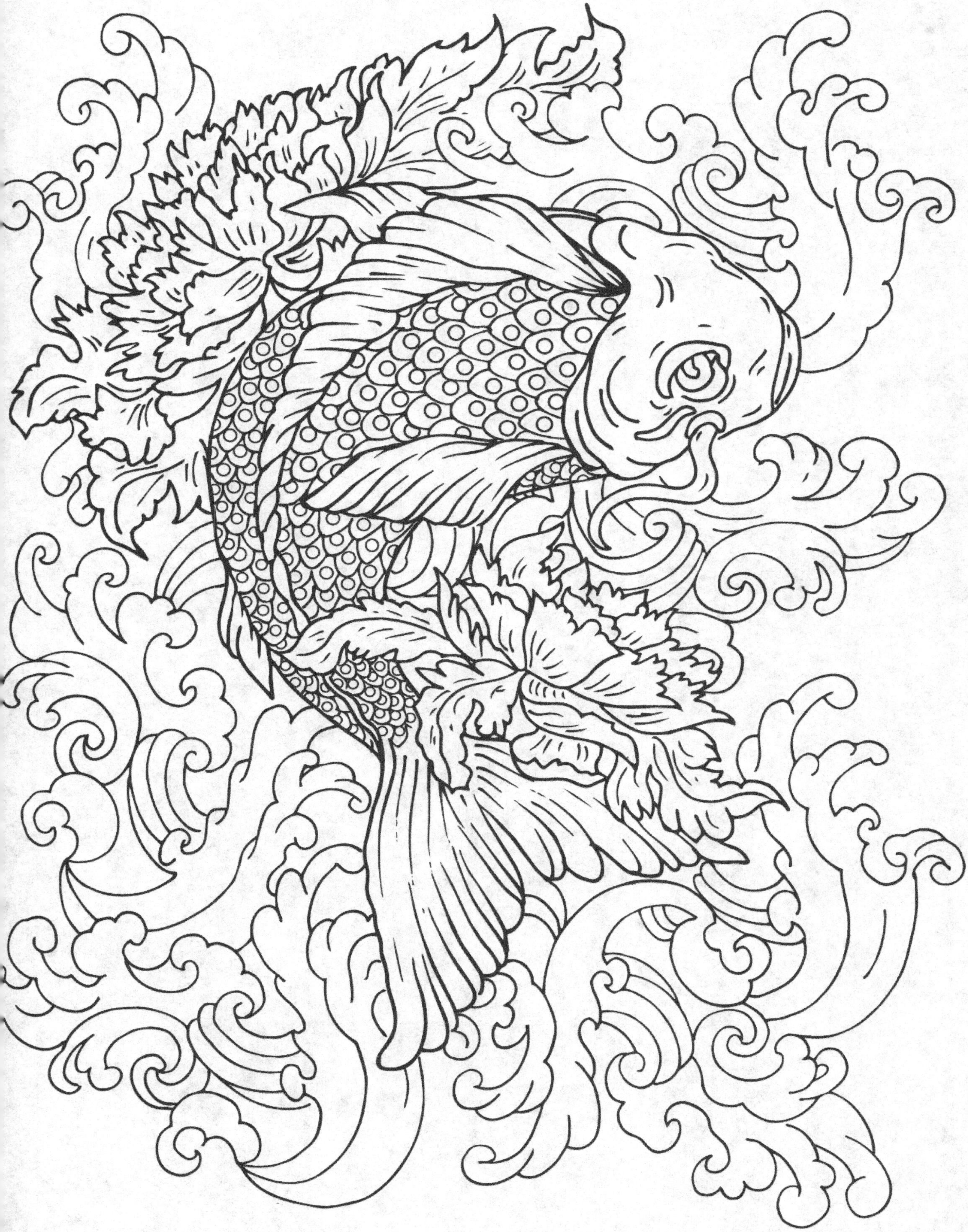

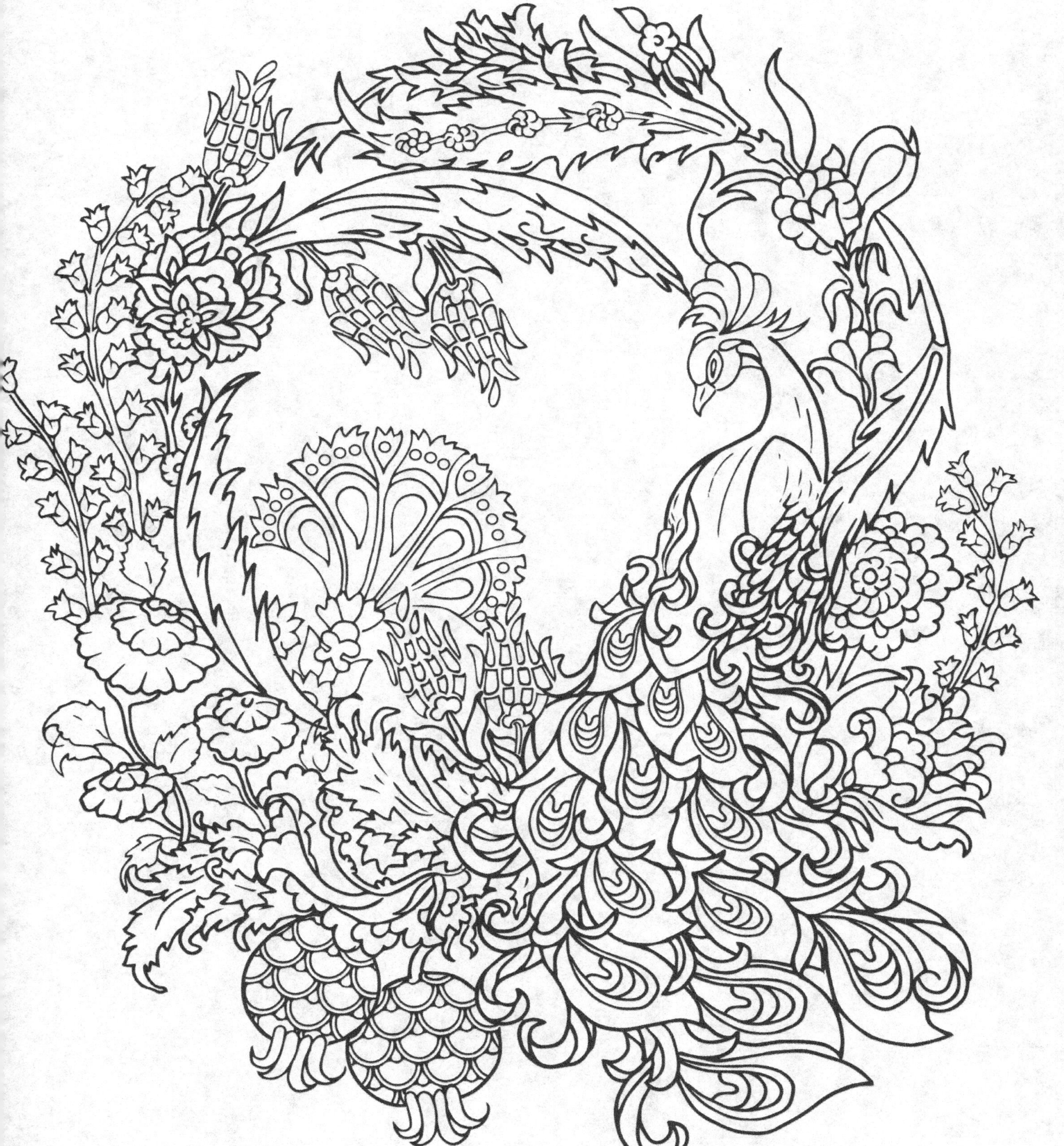

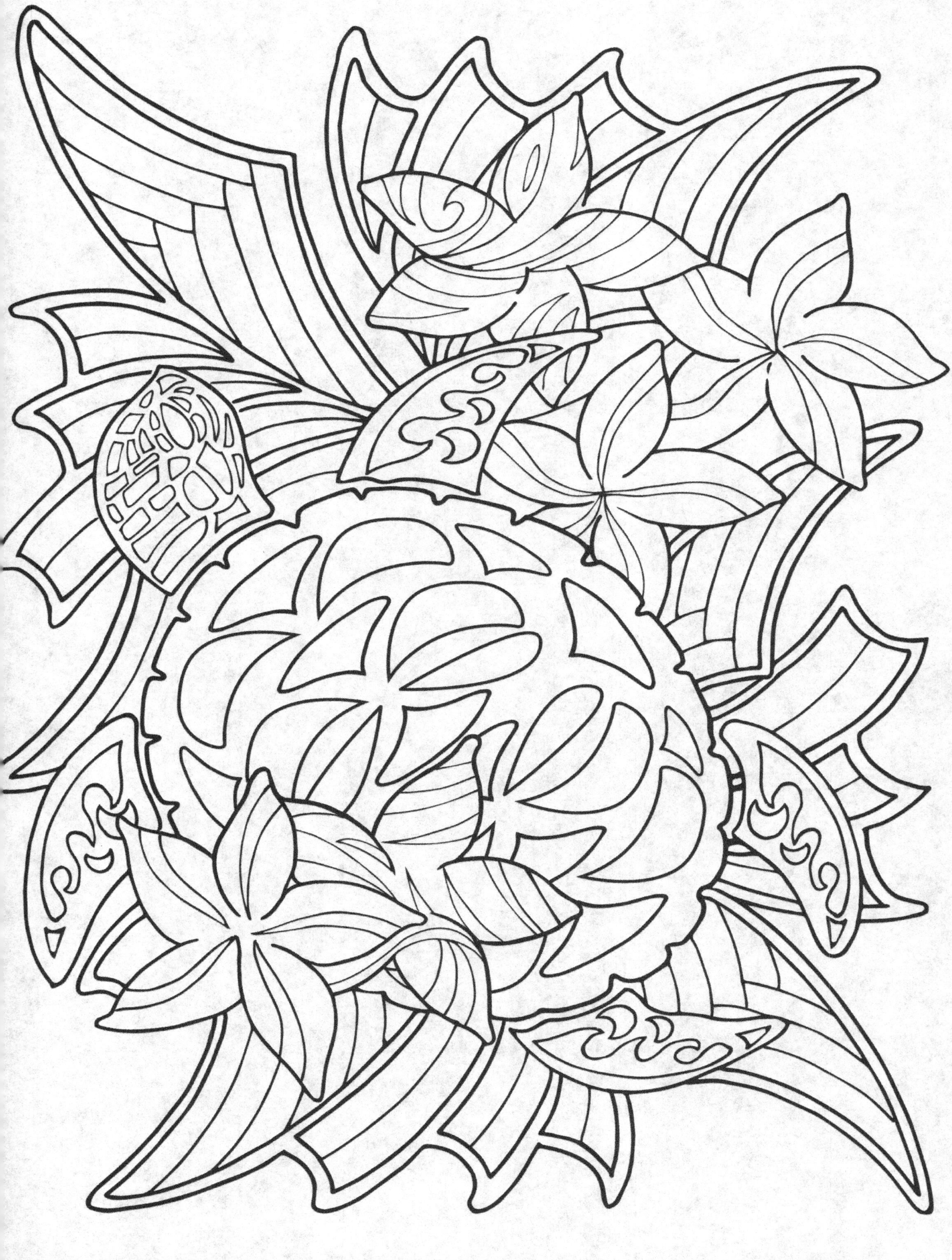

Made in the USA
Monee, IL
17 October 2024

68169545R00044